上海工艺美术职业学院“双高”建设项目资助

古猗园

数字化园林文化遗产图录

尹仕美 孙佳 秦川 邓蓓蓓 著

上海交通大學出版社
SHANGHAI JIAO TONG UNIVERSITY PRESS

内容简介

现代数字技术的发展为园林文化遗产保护与传播开辟了全新的视角，本书以“古猗园（明清核心保护区）”为例，综合运用三维激光扫描技术、点云数据处理、三维建模、场景渲染等数字化技术，采用“图说”的方式，以“图”串史、以“图”述论、以“图”传意，全面解读古猗园的造园艺术要旨。本书适合从事古猗园和上海古典园林研究及相关工作的人员，也可供园林文化爱好者参阅。

图书在版编目（CIP）数据

古猗园数字化园林文化遗产图录 / 尹仕美等著.
上海：上海交通大学出版社，2025.2 — ISBN 978-7-313-30849-8

Ⅰ. K928. 73-64

中国国家版本馆CIP数据核字第2024FK2379号

古猗园数字化园林文化遗产图录
GU YI YUAN SHUZIHUA YUANLIN WENHUA YICHAN TULU

著　　者：尹仕美　孙　佳　秦　川　邓蓓蓓
出版发行：上海交通大学出版社　　地　　址：上海市番禺路951号
邮政编码：200030　　电　　话：021-64071208
印　　制：上海景条印刷有限公司　　经　　销：全国新华书店
开　　本：787mm × 1092mm　1/12　　印　　张：20.667
字　　数：473千字
版　　次：2025年2月第1版　　印　　次：2025年2月第1次印刷
书　　号：ISBN 978-7-313-30849-8
定　　价：198.00元

前 言

古猗园（亦称古漪园），江南古典园林的代表之一，上海市古老名胜之一，始建于明代嘉靖初年，初名为“借园”。明代万历年间，借园主人闵尚廉之子闵士藉改建借园，取《诗经・卫风・淇奥》“瞻彼淇奥，绿竹猗猗”之意，构建“有水一池，有竹千竿”的园林布局，有“十亩之园、五亩之宅”之说，更名为“猗园”。清代乾隆十一年（1746）冬，洞庭山人叶锦购得猗园，大兴土木、修葺装点，拓充园基，更名为“古猗园”。乾隆五十三年（1788），地方人士募购古猗园大部分区域，捐给州城隍庙作为灵苑。受战火影响，同治七年（1868）重修古猗园，改为地方公园；1932 年“一・二八”事变，古猗园被日寇侵占，园内残墙断壁，假山倒塌，树木被砍，古物毁损，后各界募款修缮部分建筑。中华人民共和国成立以来，经过地方人士、南翔镇人民委员会、上海市园林管理处、上海市建设和交通委员会等多次的修缮与扩建，古猗园从十亩的私家宅园逐步发展成今天的占地一百三十余亩的城市综合性公园，成为上海地区不可多得、弥足珍贵的优秀传统文化遗产。

经过多次修缮与改扩建，古猗园已经形成了由猗园、花香仙苑、曲溪鹤影、幽篁烟月四大景区构成的园林空间布局。园内八十种名贵竹子，或挺拔端庄，或婀娜多姿，或三五成群，或夹道相迎，营造了“绿竹猗猗”的园林意境；唐代的经幢、宋代的普同塔、元代的万安塔、明代的浮玉桥、清代的翠霭楼、民国的缺角亭等建筑，星罗棋布，相映生辉，隐映于山水之间，展现了悠久的文化传承和特色；幽静的碧水湖池相连，或婉约或开阔，或潋滟或幽深，让人于山水自然中获得自在；花石小路穿山绕屋，依势而行，随景饰纹，相得益彰；楹联诗词写景抒怀，文简意深，韵味悠长。古猗园以其古朴、素雅、清淡、洗练的园林特征，展现了江南古典园林造园艺术精髓。

历代园主人和文人雅士通过雅集、交往、游园活动等，留下了大量的诗词歌赋，这些诗词歌赋成为研究古猗园历史的重要文献资料。其中，李宜之的《园居》、沈元禄的《古猗园记》是研究明清时期古猗园造园的重要资料。20 世纪 30 年代建筑学家童寯考察古猗园并绘制《猗园平面图》，记录于《江南园林志》中，从中可见清代至民国时期古猗园的面貌；1945 年，建筑学家梁思成将古猗园列入《战时文物保护目录》；20 世纪 80 年代，中国科学院院士杨廷宝先生承担了重建逸野堂的设计任务；程绪珂与王焘主编的《上海园林志》（2000）、上海市地方志办公室与上海市绿化管理局编著的《上海名园志》（2007）整体分析了古猗园的艺术特征。

近年来，学者对古猗园的研究主要集中在四个方面：一是历史演变与造园艺术，如沈福煦（1998），归云斐（2016），亓明曼（2018），谢琪熠等（2019），陆含芝（2021），王鑫宇等（2021），陆邵明（2022），玄峰等（2022）；二是园林要素，如徐振保（1999），时建设（2003），王爱民等（2009），王冠飞（2020），王留剑等（2023）；三是楹联诗词，如曹中庆（2002），王仁堂（2003），蔡振湘（2003），马海英（2007）；四是非遗文化传承活动，如高翔伟（2012），吉琴（2015）。

本书从园林文化遗产数字化保护与利用的角度出发，以古猗园明清核心保护区为主要研究对象，采取跨学科的研究方法，从风景园林学、建筑学、测量学、符号学、人类文化学等学科角度，系统梳理古猗园五百年的历史演变，借助单镜头反光数码相机（SLR）与三维点云扫描技术（3D Point Cloud）对保护区内建筑、植被、叠山理水、楹联诗词、花石小路、泥塑等园林物质要素和非物质文化素材进行数据采集，形成完整的明清核心保护区三维空间数据库，并在数据库的基础上，结合地方县志、诗词歌赋、绘画、名人轶事等文献资料，解读二维数据，构建三维复原模型，采用“图说”的方式，以“图”串史、以“图”述论、以“图”传意，全面解读古猗园的造园艺术要旨。

全书由九个部分所组成，第一部分讲述了古猗园五百年的历史演变，第二部分介绍了本书所采用的数字记录与复原技术，第三部分分析了古猗园的造园艺术特征，第四至七部分按区域详细介绍了古猗园的造园艺术手法，第八、九部分介绍了古猗园中的花石小路、塑像与木雕。

本书弥补了当前古猗园明清核心保护区造园方面数据的缺失，为古猗园文化遗产的保护和传承、古猗园“非遗主题公园”IP 形象打造与沉浸式场景开发等提供有力的数据支撑，可阅读性高，可供从事古猗园和上海古典园林研究以及相关人士参考。

目 录

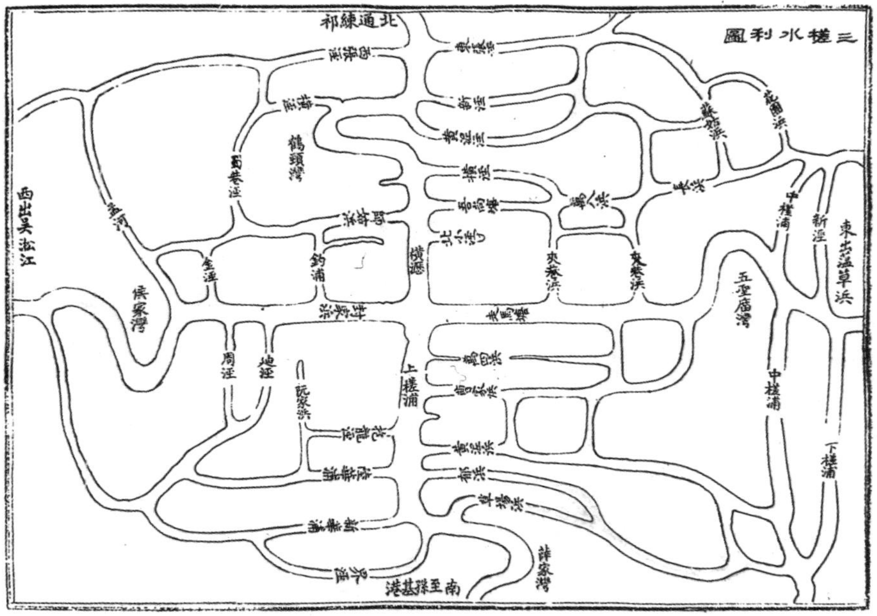

“槎溪河”

资料来源：张承先．南翔镇志 [M]. 程攸熙，订，朱瑞熙，标点．上海：上海古籍出版社，2003.

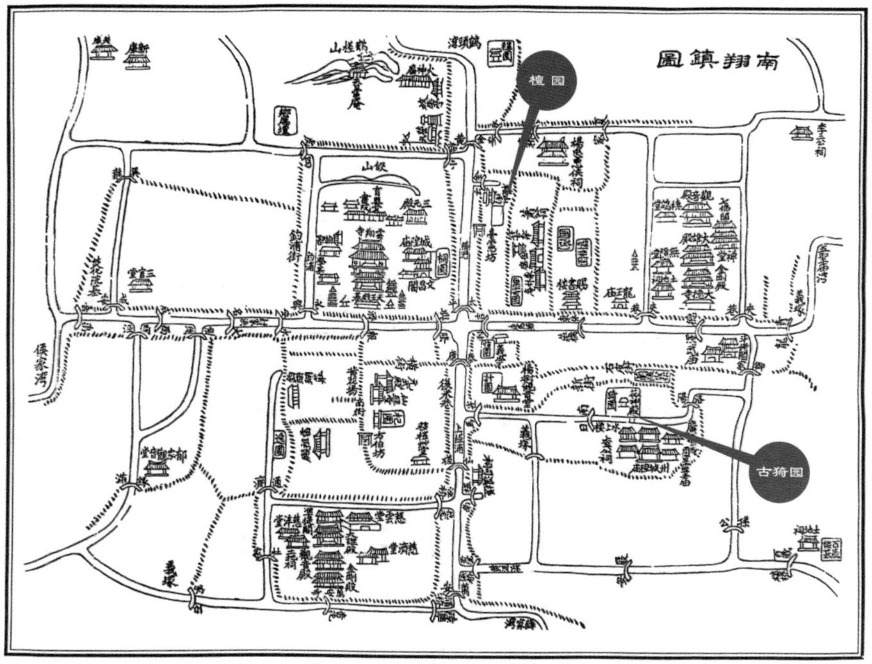

古猗园位置（清嘉庆十一年，1806 年南翔镇图）

资料来源：嘉定县南翔镇志编纂办公室．南翔镇志 [M]. 上海：上海人民出版社，1992.

1

历史沿革

南翔，古名“槎溪”，因三条槎溪河而得名（如左图所示）。相传公元 505 年（南朝梁天监四年）建白鹤南翔寺①于此，因寺成镇，距今已一千五百多年，是著名的古镇之一。

宋元时期，南翔成为巨镇，明清时期达于鼎盛，园林之盛，为南翔一绝。明清两代，南翔有园林 25 座，故有“南翔虽小赛苏州”之说。其中，以绿竹、楠木、荷花、石舫称胜的古猗园最为有名。

古猗园始建于明代嘉靖年间（1522—1566）（上海古猗园，2018）。据清嘉庆年间资料记载，初建时的古猗园位于走马塘、东界河、城隍庙北河（后面称南河）与上蹉浦地块中间，南邻南河。南河相对于园址呈反弓状，形成浅滩湿地。园子北界有一条“新街”石子路，园子即由新街南岔小路贴园子西墙北角而入，自西北入园迎面可见对面东南角的南河对岸城隍庙。今东依黄泥泾，西靠古猗园路，南临沪宜公路，北至小弄（如左图所示）。

后经多次原址修缮与扩建，现发展为占地 130 余亩的上海首个非遗主题公园。

① 白鹤南翔寺始建于南朝梁天监四年(505)，南宋时期更名为“云翔寺”。据传，当地农民在耕作时发现了一块巨大的石块，上面常有丹顶白鹤停留。一位名叫德齐的和尚认为这是佛陀降临之地，因此决定在此建造一座寺院，即白鹤南翔寺。寺院建成后，据说白鹤南飞而去，不再返回，因此得名。

第一阶段　/　借 园

“白鹤南翔寺”因寺成之日白鹤南翔返乡而得名，“南向望乡”成为南翔一个具有特殊意义的精神象征。据清代程庭鹭[①]《涂松遗献录》记载（上海古猗园，2018），古猗园初建于明代嘉靖年间（1522—1566），由徽籍闵姓始建，初名“借园”，“借”乃有“客居南翔，家乡南向”之意[②]。

“借园”时代的古猗园，入口在西北方向，池塘在园中部自西向东、自西南向东北方向延伸，水口最终落在园的东北方向。园中的生活起居建筑靠近西北角入口附近，沿园北部东行可至书画舫，舫内有祝允明[③]题“不系舟”额（如右图所示），再由不系舟向南穿过戏鹅池，登竹枝山而南望南河。不系舟、鹅池、竹枝山在园东部形成一条自北而南的视觉轴线，登山南望可俯瞰南河及对岸城隍庙。至此，“南向望乡、借寄托身”的园林空间基本确立（如右图所示）（玄峰等，2022）。

① 程庭鹭（1796—1858），初名振元，字缊真、问初，号绿卿。改名庭鹭，字序伯，号蘅乡、鹤槎山民等，南翔人，诸生。工诗、善山水、精篆刻，著有《涂松遗献录》《以恬养志斋诗初集》《以恬养志斋诗二集》《尊璞堂诗文集》《虞山诗草》《红蘅词》《练水画征录》《篛庵画尘》《小松圆阁杂著》《小松圆阁印存》等书，《涂松遗献录》记载了借园改建为猗园的史实。

② 明嘉靖初年，第一任园主人为徽籍闵姓，客居南翔，有猜想为其取宋代徐俯诗“昔为郡下客，曾借水边居”中“借”字，体现其客居异地他乡的处境和心境。

③ 祝允明（1461—1527），字希哲，长洲（今江苏吴县）人，因长相奇特，又因右手有枝生手指，故自号枝山，世人称为“祝京兆”，明代著名书法家。祝允明擅诗文，尤工书法，名动海内。他与唐寅、文徵明、徐祯卿并称“吴中四才子”，又与文徵明、王宠同为明中期书家之代表。

盛夏的不系舟与戏鹅池

不系舟内部实景

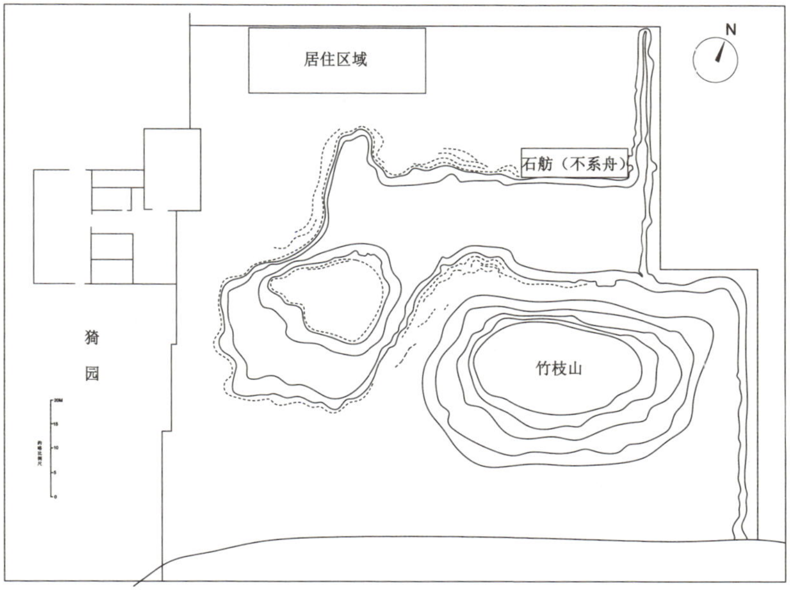

猗园平面（1522）

资料来源：玄峰，殷力欣．从借寄到奥淇：基于文化人类学的明代猗园园林空间意向及审美理念研究 [R]．上海：江南园林文化论坛，2022.

第二阶段 / 猗园

清代嘉庆《南翔镇志》[①]等资料记载，万历后期（1604—1620），借园主人闵尚廉[②]之子闵士籍[③]返乡，邀请嘉定竹刻[④]大师朱三松[⑤]改建借园，取《诗经·卫风·淇奥》“瞻彼淇奥，绿竹猗猗”[⑥]之意，构建“十亩之宅，五亩之园，有水一池，有竹千竿”的园林布局，所筑亭台、楼阁、立柱、椽子、长廊都刻有千姿百态的竹景图案。“借园”更名为“猗园”。

朱三松擅以文学作品入题，他在不系舟、池塘、竹枝山的基础之上新增乐门房三间、盘槐两株、楠木厅、小云兜石组、罄折桥、浮玉桥、山顶亭、竹圃，并疏浚园子东界河（即今泛春渠）。这一时期的猗园在整体空间结构上发生了三处大的变化：

首先，北部强化了“盘槐—楠木厅—湖石—不系舟”这一东西景观轴线。其中楠木厅为四面厅，厅堂之制，规模体量为最大。厅东边的湖石组成为东西对望的重要中景，明董其昌于楠木厅所题“华岩墨海”里面的华岩即指厅东的湖石组；而墨海则指戏鹅池，这里借用了王羲之观鹅练书时“池水尽墨”的典故。

其次，中区增加了三条向南的游观路径：楠木厅南穿小云兜石组而达竹圃；湖心岛经罄折桥南抵竹圃；东界河转弯处（浮玉桥）沿戏鹅池南岸西南向抵达竹圃。三条路径上的小云兜石组、罄折桥与浮玉桥均具有明显的导向性，统一指向猗园的主题景观——竹圃。

最后，随着东界河的疏浚、西风雨廊的围合、南竹圃的建成，猗园封闭围合的游观路线形成了。至此，借园时代外向型“南向望乡”的空间意向被内向型“游观内省”的空间意向所取代。

至此，闵士籍实现了由仕入儒的转变。猗园的空间结构及其意向彻底改变，此时猗园的空间意向可称为“绿竹猗猗”（玄峰等，2022）。

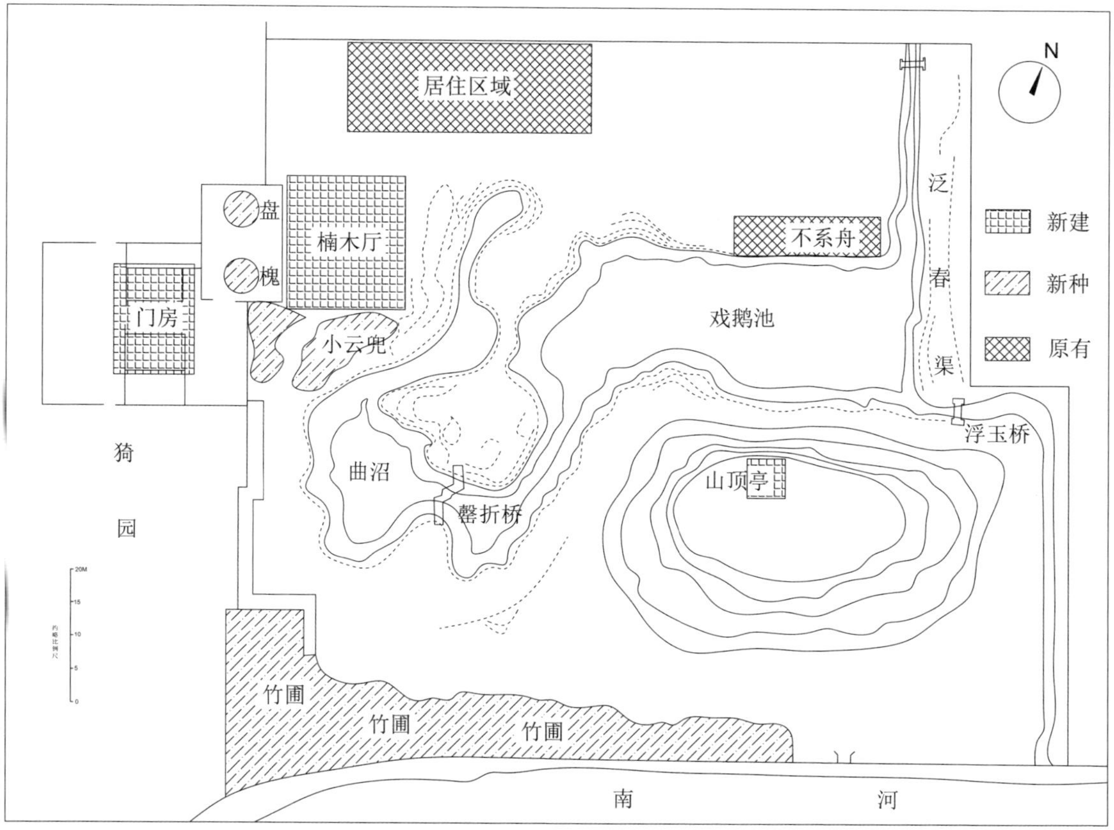

猗园平面（1604）

资料来源：玄峰，殷力欣．从借寄到奥淇：基于文化人类学的明代猗园园林空间意向及审美理念研究 [R]. 上海：江南园林文化论坛，2022.

①《南翔镇志》为一部内容较为完备的乡镇史，共十二卷，由清代乾隆、嘉庆年间南翔镇人张承先编纂、程攸熙增订。南翔镇志最初名《槎溪志》或《槎溪里志》，共三卷，南翔镇人杨志达编撰，康熙五十一年（1712）完稿，未曾刊刻流传。约乾隆四十一年（1776），张承先据此续编，仍称此名，也未刊印。至嘉庆十一年（1806），程攸熙在张承先稿本的基础上，删繁订讹，并增补近三十年的史事，改名《南翔镇志》，于次年由寻乐草堂付梓。

② 闵尚廉，徽籍，居南翔，借园主人，活动于明代嘉靖至万历年间。

③ 闵士籍，闵尚廉之子，字明卿，“嘉定四先生”之一程嘉燧的妹婿，活动于明代嘉靖后期至崇祯早期。清代《嘉定县志》载，明代万历中后期通过“例选”任光禄寺良酝署署正，后升任河南府通判、汝州知州、代理嵩县知县。时与董其昌、朱三松、“嘉定四先生”等社会名流交往。

④嘉定竹刻盛行于明清时期。明正德、嘉靖年间，出现著名竹刻家朱鹤、朱缨、朱稚征，一门三代相传，世称“三朱”。三朱以书画入竹刻，以刀代笔，以笔法运用于刀法，独创用深刻做高浮雕的竹刻技法，对后世竹刻产生极大影响，形成独特的嘉定竹刻流派。

⑤ 朱三松（1559—？），名稚征，号行世，活动于明代万历至崇祯时期，嘉定人，善竹刻，与祖父朱鹤、父亲朱缨并称“三朱”。

⑥《卫风·淇奥》是《诗经》中的一首赞美男子形象的诗歌。全诗共分三章，每章九句。第一章着重写君子的内在美德；第二章具体写君子服饰之盛，来见其仪容之美；第三章赞美君子道德修养极高，为人幽默而有分寸，且入为周王卿士，暗指其为邦国之兴做出贡献。此诗每章均以“绿竹”起兴，借绿竹的挺拔、青翠、浓密来赞颂君子的高风亮节，开创了以竹喻人的先河；运用大量的比喻，寓示君子之美在于后天的积学修养以及道德磨砺。

崇祯初年，猗园转让给“嘉定四先生”之一的李流芳①，其旋即转给侄子、贡生李宜之②，撰《园居》记之。

园居

（清）李宜之

用世吾衰甚，避人今渐深。种蔬行有课，窥竹本无心（予旧为室戏题曰：竹窥将以拒俗客也，新筑亦在竹外而藩以长廊）。借水成三径（斋前有水，以桥为路），搴云补一林。委蛇俱户牖（为廊竹中几三百步），咫尺亦登临（立小亭土阜上）。梁月分初影（两桥东西相望），溪杉列远岑（自新斋望杉松，在水南者竟成远山）。堂虚延桂馥（清樾两庑皆岩桂），阁迥失桐阴（水观阁在高梧下）。真率莲花漏，纡徐贝叶音（圃近东寺，时闻梵唱）。暂闲同木石，至乐在鱼禽。独往仍携屐，客来谁把琴？吴装方汗漫（子虚在金阊），楚讯更浮沉（子石适楚）。直待春红满，遥怜夏绿森。此时文酒社，家酿许同斟。

园内竹圃有室屋，自题“竹窥将以拒俗客也”。竹圃外新造建筑以长廊相连，廊竹蜿蜒三百步俱见门窗，近旁有土阜，上立小亭可登临眺望。池有两桥东西向往，朗月初上可赏水中倩影。临水有斋，以桥为路，并有三径相通。自新斋南望杉松、溪水，犹如远景山水图画。清樾两庑周围山石耸立、桂香馥郁，徘徊于水观阁内，恍然不觉高大梧桐之荫蔽。而竹圃靠近东面寺庙，能时常聆听梵唱贝叶之音。园界东至南北走向的泛春渠，西达门庭，南及竹圃小溪，北到东西走向的泛春渠尾水，新记述的建筑景观有土阜及小亭、竹圃长廊及建筑群、水观阁、清樾两庑及山石桂花、罄折桥等。

据地志记载，“李宜之幼颖异，目数行下，读书等身，四方名流归之。七试京兆，不第，家日落。遂愤然自放，晚益博，综古今著述充栋，钱宗伯、吴司成咸推重之”。（上海市地方志办公室等，2012）李宜之改建猗园，新增了水阁、清樾两庑、室屋、新斋等四座建筑，入园后进入楠木厅可看到清

① 李流芳（1575—1629），字茂宰，又字长蘅，号檀园、香海、古怀堂、泡庵，晚号慎娱居士、六浮道人。安徽歙县人，时居南翔与杭州，32岁中举，后绝意仕途。诗文清新自然，与唐时升、娄坚、程嘉燧合称“嘉定四先生”。擅画山水，学吴镇、黄公望，峻爽流畅，为“画中九友”之一。与闵士籍交往甚密，清光绪《嘉定县志》载，明崇祯初年得猗园，著《檀园集》。

② 李宜之（1591—？），李名芳之子，字缁仲，号寓园主人、寓园居士，诸生，世居南翔，明代崇祯初年从叔父李流芳转得猗园。明代崇祯十七年（1644）猗园发生了索契事件，李宜之移居嘉定侯氏东园，猗园转让给陆姓人家。史载李宜之幼负异才，善诗文，著文引古证今，或至数万言，其诗出于元而溯于唐，曾参定《秣陵春》曲，著有杂剧《步非烟》1种、《猗园诗集》4卷、《寓园集》30卷、《辩毁》12卷、《商刻》16卷，均散失，留《猗园海棠》7首、《檀园集》后序等诗文。

南苑内景

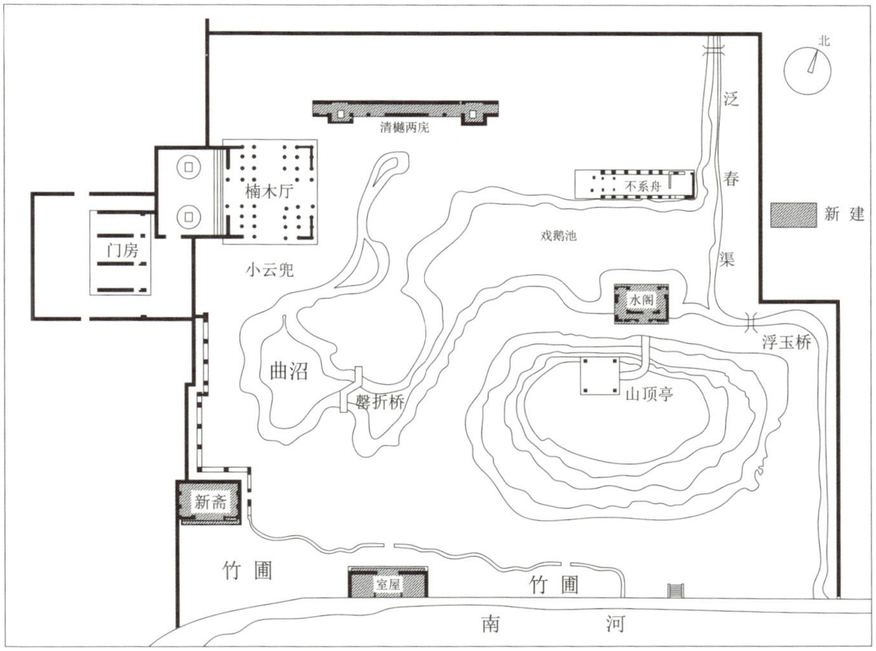

猗园平面（1628 年）

资料来源：玄峰，殷力欣．从借寄到奥淇：基于文化人类学的明代猗园园林空间意向及审美理念研究 [R]. 上海：江南园林文化论坛，2022.

樾两庑及鹅池水阁；自门房始，穿楠木厅、小云兜、西风雨廊、竹圃入口转折 9 次到达新斋，通过运用门洞、围墙、竹篱、长廊、石组等元素以及开放 / 封闭、连续 / 阻断、围合 / 通透等空间手法，大大强调了新斋 / 室屋的重要性与私密性，营造了“竹窥将以拒俗客”“独往仍携履”“伐竹补篱斜”“静对绿窗月”的空间意境，也反映出园主“避人今渐深、何妨寓是家”那种自我隔离，遁世避人而又无可奈何的心态，即“用世吾衰甚，避人今渐深”。

李宜之时期的猗园，不似朱三松时期精致，也不似叶锦时期雕琢，更有些朴野，更似“陶渊明的归园田居”，意境深远（马海英，2007），空间结构也从借园时期开放性的“南向望乡”转为内向型的“婉约含蓄”。

第三阶段 / 古猗园

崇祯十七年（1644），索契事件[①]后，猗园即转让给陆姓人家居住近百年，直到清代乾隆五年（1740），猗园转给李姓人家。

乾隆十一年（1746）冬，洞庭山人叶锦[②]自李姓手中购得猗园，大兴土木、修葺装点，拓充园基至 27 亩，因隔了一个朝代，更名为“古猗园”。

沈元禄[③]撰文记载了叶锦这次修葺后的猗园胜景（张承先，2003）：

古猗园记

（清）沈元禄

园在广福禅寺院之西，门在水北，由石道达门。门西向，入门绕廊，自南而东折，为“幽赏亭”。亭之对有门曰“澹游”，入门，有堂巍然高峙而四达，曰“逸野堂”。升其堂，则一园之胜，可一览而得大凡也。堂之前为广庭，右为奇峰，左为荷池，而桂林则承其后。当中秋玩月庭中，则桂香从两腋袭人衣袂，恍疑身之在广寒也。由堂而南，叠石为山，虚中为谷，曰“小云兜”。穿谷而去，为“鸢飞鱼跃之轩”，晦翁夫子所手书也，轩三楹东向，石作云状，以垫其足，下俯曲沼，前对茂林，盛夏纳凉，都忘溽暑。自轩而南，皆修廊，廊尽，则为“竹圃”。自堂而东，繇石径，有曲廊。廊之北，环扉双阖，为主人休息之所，游人之所不至。自南而东，为“孕清亭”，方广数尺，环以曲栏，游者至此，可列坐而休焉。东为“采香廊”，廊尽有亭，亭之左，作水周之轩，为“书画舫”，在“戏鹅池”之上。由右径得长堤，夹岸俱芙蓉、桃、柳之属。堤右，有“梅花亭”，栋宇基址，皆肖梅花，一篑陶山人为之记。由堤而南，有小山，为“小松冈”，三面皆水，松杉滃然，与西水轩相望。绕冈而南，有石桥，曰“罄折”。渡桥而南，即“竹圃”也。其中有方亭，曰“怡翠”。由亭而南，则堆阜突怒，高耸林表，乔木森立，下临清池，每当风日晴美，凭眺其间，则楂之仙宫梵宇，与高甍巨栋，环列于北、东、西三面者，一如丹青水墨，毕献其枝于眉睫之间。至其南之平畴万顷，当梅雨初足，新秧乍分之候，绿烟披拂于轻波细浪之间者，尤足令人怡情永日。总而论之，奠一园之体势者，莫如堂；据一园之形胜者，莫如山。魏堂之为此堂也，以为非宏敞轩豁，不足以称兹邱之杰特，而重楼复宇、小轩长廊、石径曲屏、桥梁亭榭之属，遂因之而踵事焉，且于其地之陋者拓之，路之直者迂之，居之疏者密之。于是升其堂，登其丘，而园之向以旷擅长者，至是而奥亦无不足焉。

自山而南，曰“环碧楼”，楼凡五楹。当盛夏时，登楼凭槛，凯风自南而至，农歌与桔槔欸乃之声互送，亦可领田家风味。楼下为“彷雪之堂”，复为复道数楹，翼楼之右。楼居园之南，墙外即环以河，舟楫之所由入也。由此而东，路旁皆以柏为屏，有曲廊十数楹，中构一亭，曰“孤山香雪”，绕亭树梅百余株，廊以外皆

① 明崇祯十七年（1644），缁仲家仆索契，遭拒，积愤起变，强使园主家人集南厅（又说楠厅），逼索文契，又拒，仆愤而怒，并杀园主三子，焚搜得文契后投义军。及后，南厅亦曰难厅。嘉庆《南翔镇志》载：甲酉之际，乡兵构乱，三子被歼。时宜之客金陵，及归，已无家矣。

② 叶锦，名叶子，字魏堂，又字芳蓁，字子美。乾隆早期与兄叶达旅居南翔，经商致富，乾隆十一年（1746）冬，从李姓人家购得猗园，拓充修葺，于乾隆十三年秋（1748）竣工。史载叶锦八岁能诗、通琴画，好秦汉摩印缪篆之学。

③ 沈元禄，字云子、云芝，号锦带居士、白子，居南翔，早年为武秀才，后弃武习文，著有《四书科谬》《大怪》等。撰《古猗园记》，描述了园内建筑、山石、湖溪、植物等景观。

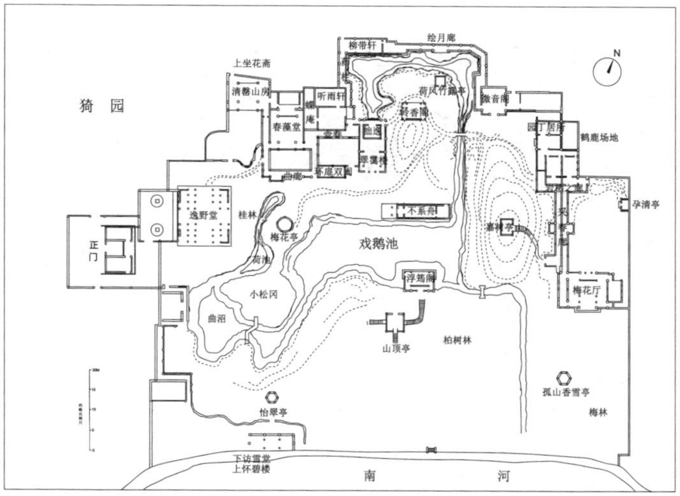

古猗园平面（1748）

资料来源：玄峰，殷力欣．从借寄到奥淇：基于文化人类学的明代猗园园林空间意向及审美理念研究 [R]. 上海：江南园林文化论坛，2022.

修竹。缘屏而北，复缘溪而西，有“浮筠阁”，半浮于水，亭亭孤立，约斋俞君以浮筠之榜拟之。自此过“浮玉桥”，缘溪而北，登小山，有亭曰“嘉树”。再北，为“岊栖之廊”。其外数椽，则园丁、鹤、鹿之所栖也。有溪横绕小山之下，自西而南，入“戏鹅池”者，为“泛春渠”。过板桥而西，夹路皆梅杏，缘渠皆桃柳，径尽有亭，即“彷雪”处也。由亭而北，复得一亭，曲栏四围，下临方池，左列修竹，右为桂丛，曰“荷风竹露”。左有小廊数楹，曰“绘月”，盖廊东向，月出而墙壁皆如绘也。廊尽，有轩三楹，与“荷风竹露”相望者，“柳带轩”也。外有曲室十余处，曰“春藻堂”、曰“清磬山房”、曰“坐花斋”、曰“听雨轩”、曰“药栏”、曰“壶春”、曰“翠霭楼”、曰“岭香阁”、曰“蝶庵”、曰“拙逸”，皆燕息之所，故不复记，而但记其名。

根据沈元禄《古猗园记》记载，园基得到扩大，泛春渠东南区域建梅花厅、堆土坡建嘉树亭，渠东北区域建岩楼之廊、鹤鹿之所、园丁居所，渠尾水西北区域扩建了荷风竹露亭、绘月廊、柳带轩、春藻堂、清磬山房、坐花斋、听雨轩、药栏、壶春、翠霭楼、岭香阁、蝶庵、拙逸等建筑，还有曲廊相连的“环扉双阖”主人休息之所。竹枝山南有环碧楼、彷雪堂、复道、怡翠亭等建筑，山南东向有曲廊、孤山香雪亭。西部有门庭、绕廊、幽赏亭、“澹游”洞门，改建楠木厅为逸野堂，堂前古盘槐成对，堂东桂花林，堂南有小云兜、鸢飞鱼跃轩，堂北竖五老峰山石，周边有万卷书岩、十八学士山石群。戏鹅池畔有浮筠阁、梅花亭、鸳鸯厅、小松冈。明代水观阁、清樾两庑及猗园海棠不复存在（见上图所示）。 9

乾隆四十年（1775），叶锦家道中落，园林失修，逐渐荒芜。

戏鹅池全貌

第四阶段 / 地方公园

乾隆五十三年（1788），地方人士募购古猗园大部分区域，捐给州城隍庙作为灵苑，称“古漪园”，由州城隍庙道士管理，向商绅、香客开放，期间园内募建花神庙、塑花神像，许国柄主事，此后，古漪园、猗园、古猗园等名并用。

清嘉庆十一年（1806），乡绅朱抡英提议修缮，程本礼、李大任、陆霖等捐赠，李宏燽督理，许国柄置山石，嘉定十三年修缮完成，时任嘉定知县吴桓[①]撰文记之（上海市地方志办公室等，2012）：

古猗园修葺记

（清）吴桓

予以薄书之暇，采访邑之故迹，补县志所未备。因览前贤手迹，见李长蘅先生所画山水及其自题《慎娱居士画册》，林泉丘壑，闲远古澹。课士日，遂命诸生咏之，盖心仪者久矣。间以公事至南翔，因得观长蘅之从子缁仲猗园。洵如其诗所谓“借水成三径，搴云补一林”者，南翔绅士以范岩澄、朱林塘潮所绘图，请予以为记。考程骞堂攸熙增订《南翔镇志》，是园辟于前明闵通判士籍，后归缁仲，而猗园之名始著。国朝乾隆初，洞庭叶氏更拓其地，增建亭榭，

① 吴桓，字纪严，安徽无为人。嘉庆七年（1802）举人，嘉庆十年任嘉定知县，主持编修《嘉定县志》。

仍之曰古猗园。岁久，园几废。乾隆五十三年，里人捐置州城隍庙，为灵苑，未及修葺。嘉庆十一年，绅士劝募兴修，越二年，而猗园旧观于是复。夫前贤诗文翰墨及所绘图画，固宜宝之，即所遗一几一杖，犹且摩挲把玩，仿佛如见其人，况觞咏流连之地，忍令其为荆榛草莽之区乎？诸绅士之为此，景仰前徽，意良□已。久闻长蘅先生檀园在镇之北，其中犹浥蘼、萝壑、剑蜕斋、慎娱室、次醉阁、翏翏亭、春雨廊、山雨楼、宝尊堂之属见诸题咏，四方后世无不知有檀园者。今问其处，遗址罕有存矣。而猗园有诸绅士嗣而葺之，园之兴亦有数存乎其间耶！或曰城隍有保障功，崇祀之宜也，若灵苑则不可以已乎？予谓城隍之有神，犹郡之有守，州县之有牧、有宰。昔白太傅、柳柳州、欧阳醉翁、苏长公为太守、刺史时，皆有游观之所，神犹是也。矧名人遗迹，神亦呵护之乎？绅士之董其事者，朱秀堂抡英倡为之，李慕樵宏燽勤于督理，许荪坡国柄复为补缀山石，得所位置。程绣畦本礼、李恬之大任、陆漪亭霖、诸静园文泰、吴兰皋世焜襄赞成之也。若复捐者若干人，人输若干缗，另勒贞珉，予不复赘云。嘉庆十三年戊辰夏。

此文讲述了猗园的历史变迁和修复过程，充满了对前贤的敬仰和对文化遗产的珍视，强调了保护文化遗产的重要性。

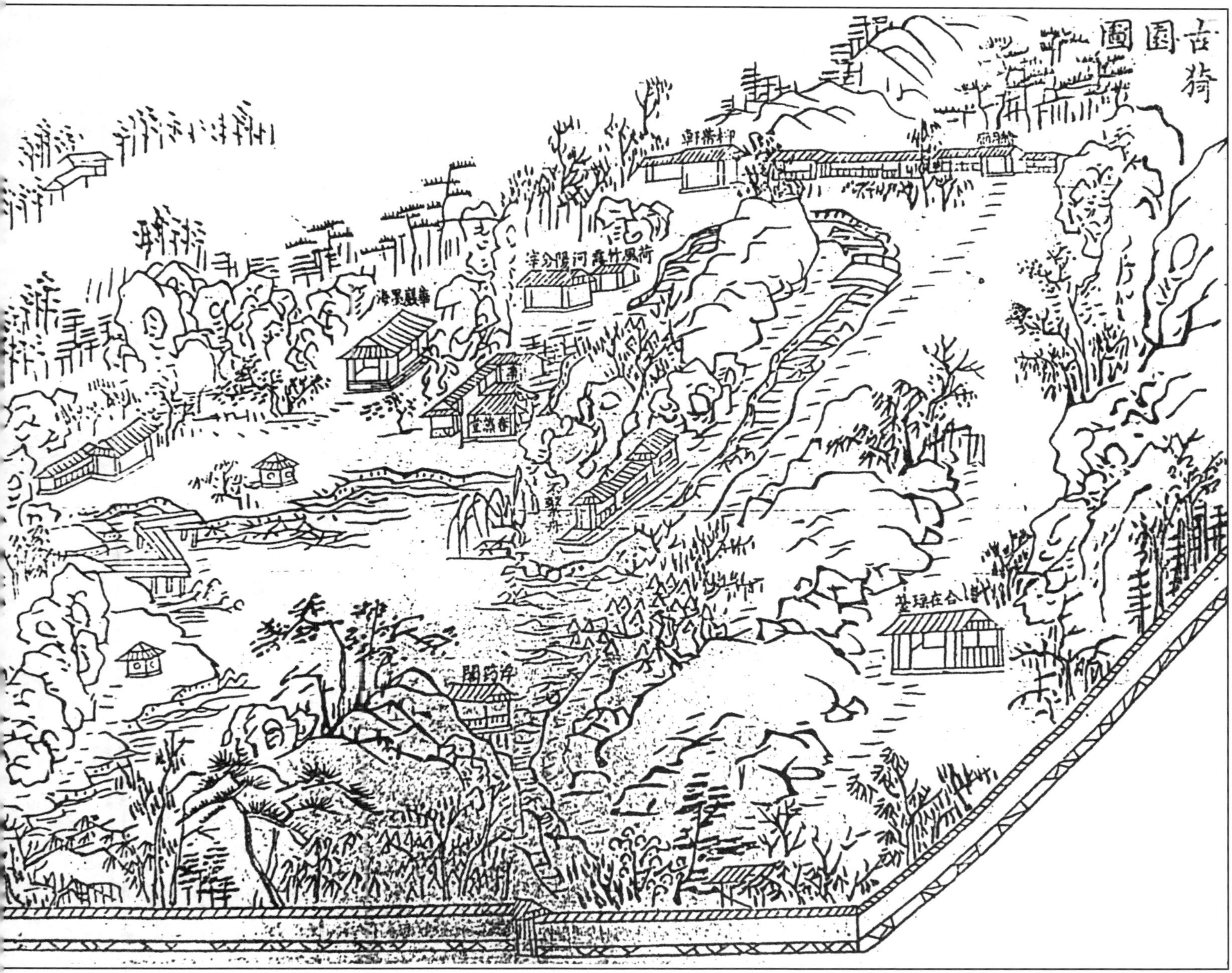

古猗园（清嘉庆十六年，1811）

资料来源：上海市地方志办公室，上海市嘉定区地方志办公室编．嘉定县卷 [M]. 上海：上海古籍出版社，2012.

上海开埠后，古猗园在各种因素的影响之下，逐步开始从私园转型为公共园林。

咸丰十年（1860），在太平天国运动中，太平军同清军及“洋枪队”在南翔激战，园内部分建筑被毁。诸玉衡的《秋日游猗园感赋》展现了当时园中景象（上海古猗园，2018）。

秋日游猗园感赋

（清）诸玉衡

秋风散烦襟，秋色引遥目。行行野趣长，微径缭而曲。言寻古猗园，入门绪纷触。乱石是处堆，危墙有谁筑？水光空澄鲜，蝉声自断续。烟霏幂茶寮，日落穿林屋。早桂开初残，余香气犹馥。奈何半遭髡，取次作榴木。缅维创始时，风雅陇西独。丘壑胸中藏，珠玉腕底簇。裙屐纷流连，诗酒互驰逐。瞬息百载余，世事如转烛。寂寞扬子亭，荒凉百家谷。何处问檀园，秋原禾黍熟。

《秋日游猗园感赋》描绘了古猗园的秋色，表达了对过往岁月的怀念与对人生无常的感慨，也蕴含了对自然的赞美和对未来生活的期许。“秋风散烦襟，秋色引遥目”巧妙地表达了诗人内心烦闷的消散和对远方景色的向往；野趣小径、乱石危墙，透露出古园历经风雨、岁月的侵蚀；水光、蝉声、早桂等，则传递出对美好事物消逝的惋惜与无奈，也流露出对过往岁月的追寻与怀念之情。

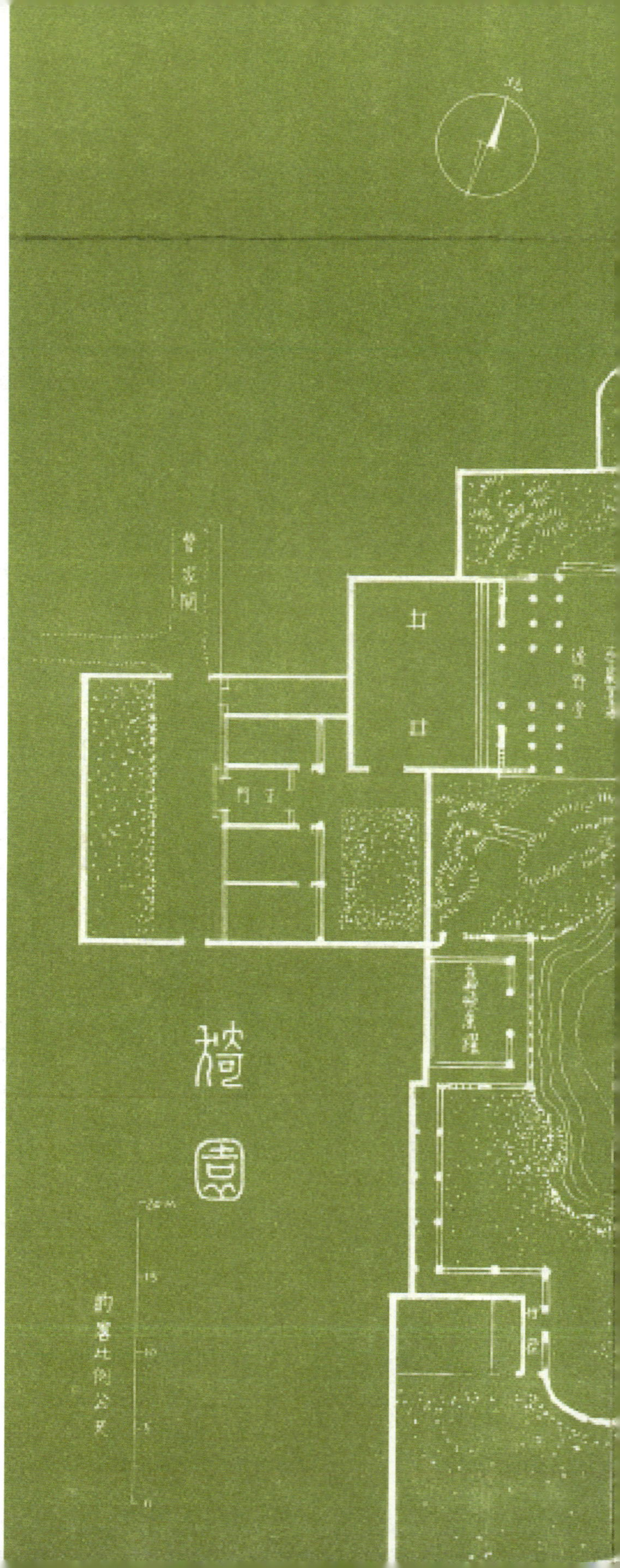

古猗园平面（20 世纪 30 年代）

资料来源：童寯．江南园林志（第二版）[M]. 北京：中国建筑工业出版社，1984.

鸢飞鱼跃轩

20 世纪 30 年代梅花亭

1930 年秋逸野堂后、梅亭前

摄于 1935 年 4 月竹节柱上的浮筠阁

资料来源：上海古猗园 . 古猗园志 [M]. 上海：上海文化出版社，2018.

同治七年（1868），古猗园重修，改为公园。同治十年始，日华轩糕团店老板黄明贤在古猗园叫卖南翔大肉馒头；同治至光绪年间，南翔各同业公所在园内修厅堂、增建筑，作为集议场所，园内还开设了酒楼、茶肆、点心店，游人可在鸳鸯厅、不系舟叙茶、品小笼。

1932 年“一·二八”事变，3 月 3 日古猗园被日寇侵占，盘踞两个多月，逸野堂作为系马所，春藻堂前垒石倾圮大半，园内残墙断壁，假山倒塌，树木被砍，古物毁损，鸳鸯厅内一堂六扇明代刻字屏门，其中两扇被焚毁。7 月中旬，李梁才筹款，傅佐衡雇金华技师估工修理，8 月下旬竣工。其中，兜云洞蜿蜒而入，有级可登临小天台。十八学士山石、五老峰、万卷书岩等恢复旧观。1933 年 4 月，朱寿朋、陈少芸、王荃士等 60 人署名成立南翔古漪园整理委员会，向各界募款约 6000 银圆，重建柳带轩、鸳鸯厅、书画舫、浮筠阁等，11 月基本竣工，但未能恢复旧貌。为铭记东北三省沦陷的屈辱，竹枝山山顶建补阙亭，缺东北一角，以示收复失地决心。惜阴公会朱苏吾等捐资复建南厅。20 世纪 30 年代建筑学家童寯考察古猗园，测绘的《猗园平面图》反映了 1937 年前古猗园的面貌。

1946 年，地方人士集资整修，陈少芸修补阙亭，改名“前鉴亭”，朱苏吾捐建南厅，方剑阁捐建白鹤亭，其他商绅捐修不系舟，种植乔木花卉。1947 年秋，微音社集资重建微音阁，但景色大不如前。之后，处于失管状态。

古猗园中休憩、娱乐的市民

第五阶段 / 城市公园

1957 年 3 月，南翔镇人民委员会集资 5807 元组织修缮古猗园，筑竹篱墙，移栽老梅、龙柏、黄杨、雪松、盘槐等花木。逸野堂前移植一株老盘槐与北侧古盘槐成对，修复不系舟、补阙亭、南厅、白鹤亭、微音阁，同年 10 月 1 日试开放。

1958 年 1 月 17 日，国务院批准隶属江苏省的嘉定县划归上海市管辖。同年，上海市园林管理处拨款 13 万元扩建整修古猗园，向西、南两面拓展，北起竹枝山、梅花厅，南至沪宜公路，东靠万四浜南端，西达古猗园路。扩建区筑竹篱笆。西北角建北门，门前置州城隍庙遗留的一对古石狮。从竹枝山向南开挖、东西走向、占地 15 亩的鸳鸯湖，与戏鹅池相通，湖中部架南北走向的九曲桥，桥中盖湖心亭。桥南境东侧筑东西向的曲香廊，廊东尽头临湖建茶肆。湖西南用挖湖的土堆成“南山”，山上垒太湖石，东侧辟大草坪，草坪东侧建南亭，西南设儿童园，置秋千、滑梯、转椅等游乐设施。湖东端筑熊山，饲养黑熊、棕熊。熊山南建西、南向鸟舍各一排，饲养孔雀、珍珠鸡、相思鸟、黄雀、画眉等，熊山北建一排十间动物房，饲养猴子、果子狸、老鹰、灰鹭等。湖西端植三株落羽杉。在竹枝山北麓、临戏鹅池原址处重建竹结构浮筠阁，池西堤修缮白鹤亭，亭北造春藻堂。在小云兜南原址重建竹结构鸢飞鱼跃轩，其它建筑修饰一新。园内增植香樟、悬铃木、木瓜、黑松、雪松、水杉、紫藤等乔灌木。园区面积达 87.5 亩，占地面积 117.71 亩。

半風

古猗园平面（1987）

资料来源：程绪柯，王焘．上海园林志 [M]. 上海：上海社会科学院出版社，2000.

1959 年，迁入云翔寺旧物唐经幢一对，分别置于南厅、微音阁前，宋代普同塔置于不系舟北面土坡上。陈少芸捐战国剑、汉代青铜鼓等，这批古董陈列于南厅。王鸣一购捐嘉定“鼓手王”王倜琴花园中逾百龄的重瓣紫金大牡丹，于 10 月 1 日正式开放。1960 年春藻堂开设餐厅，1962 年重建梅花厅。

1963 年，上海市人民委员会批准古猗园划归上海市园林管理处管辖。

1973 年，改建鸢飞鱼跃轩，修筑小松冈。1974 年，改建白鹤亭。1971—1975 年，改建石驳岸。1976 年，翻建南厅、补阙亭，周边铺设走道。

1977 年，复名“古猗园”。同年，被上海市基本建设委员会列为旅游点并进行改扩建，建白色砖瓦围墙，浮筠阁的竹结构改为砖木结构，重建绘月廊、柳带轩。

1979 年，修建松鹤园。挖月牙形溪流形成半岛，叠黄石驳岸瀑布，植松塑鹤，形成“松龄鹤泰”景观。梅花厅东侧池内种植荷花，置普同塔，池畔建鹤寿轩，形成“鹤莲塔影”的景观。南部建柳荫桥、柳荫亭，与山相通。

1981 年，整修南大门，建南翔壁。1982 年，重建逸野堂。

1983 年，古猗园根据沈元禄《古猗园记》改建北大门门庭，门向西开，入门小庭院，向南建曲折复廊，廊墙配“八仙”窗饰。廊东接孕清亭廊、西接售票间，两侧植桂花、牡丹修竹。转西向南数十步堆假山，山体有洞，通道曲折，山顶建有幽赏亭。

1984 年，建青清园，开挖龟甲湖，与鸳鸯湖相通，湖西侧有熊山，湖中建两座人工岛，湖北岸建观月台，湖南岸建荷风竹露亭，亭东建君子堂，堂中内置梅、兰、竹、菊屏风。

1986 年，青清园中迁入上海市区火神庙清代戏台，定名翠霭楼。同时，在松鹤园北部建花圃、温室。

1989 年，建青清园门庭，庭北建庭院式船坞和玉带桥。熊山改建为“龟山”，山上塑赑屃，身背石碑，碑的正面雕“寿”字，背面雕百寿篆书，寓意“长寿延年”。山南开挖约百米溪流，使山体四面环水。

1991 年，梅花厅北建春早亭及梅花廊。1993 年，梅花廊镶嵌咏梅诗碑 27 块。

1995 年，改造茗轩、曲香廊、梅花厅、围墙、地坪。1996 年，古猗园南出入口改到西南侧，建造石碑楼、入园门庭，改建围墙。因沪宜公路拓宽，园南侧内缩约 3 m，重建围墙。

2005 年，花圃改造为盆景园，建盆景管理用房、花神殿、廊道、听瀑亭、黄石假山瀑布与睡莲池，置落地竹石大盆景、松竹梅等各式盆景，整修九曲桥，翻建罄折桥。

2006 年，上海市建设和交通委员会批准古猗园改扩建工程项目，改扩建工程分东部扩建和园区改造两部分，东部扩建 22.57 亩，范围是东至黄泥泾，南邻沪宜公路，北以居民住宅为界。扩建区突出古典园林风貌，建有不可无竹居等建筑 11 座、石桥 4 座，堆砌驳岸假山 3450 m^2，新增水体面积 3000 m^2、建筑面积 668 m^2，绿化面积 10046 m^2。园区改造的范围主要是逸野堂景区和泛春渠东北区域，根据童寯《江南园林志》，改造建筑面积 225 m^2，增加建筑面积 1083 m^2，优化调整植物群落 8000 m^2，延伸水体面积 120 m^2。重建鸳鸯厅、藕香榭、小罗浮、鹤守轩、采香廊，延伸梅花碑廊等建筑，较大程度恢复了古猗园核心区历史面貌。松鹤园景区北侧土坡建双鹤斋及廊道，凭栏可览松鹤园、古塔景观。鸳鸯湖景区的东侧湖畔建有方亭。南翔壁景区翻建南大门、售票间、咨询中心，关闭西南出入口，重启南大门。青清园景区的龟山上建有翔云阁。

2009 年，古猗园改扩建工程竣工。古猗园形成了猗园景区、花香仙苑景区、曲溪鹤影景区及幽篁烟月景区四大景区的空间布局结构。

20 世纪 80 年代古猗园全景（赵鼎）

资料来源：上海古猗园 . 古猗园志 [M]. 上海：上海文化出版社，2018.

古猗园全景（劳思作）

资料来源：上海古猗园 . 古猗园志 [M]. 上海：上海文化出版社，2018.

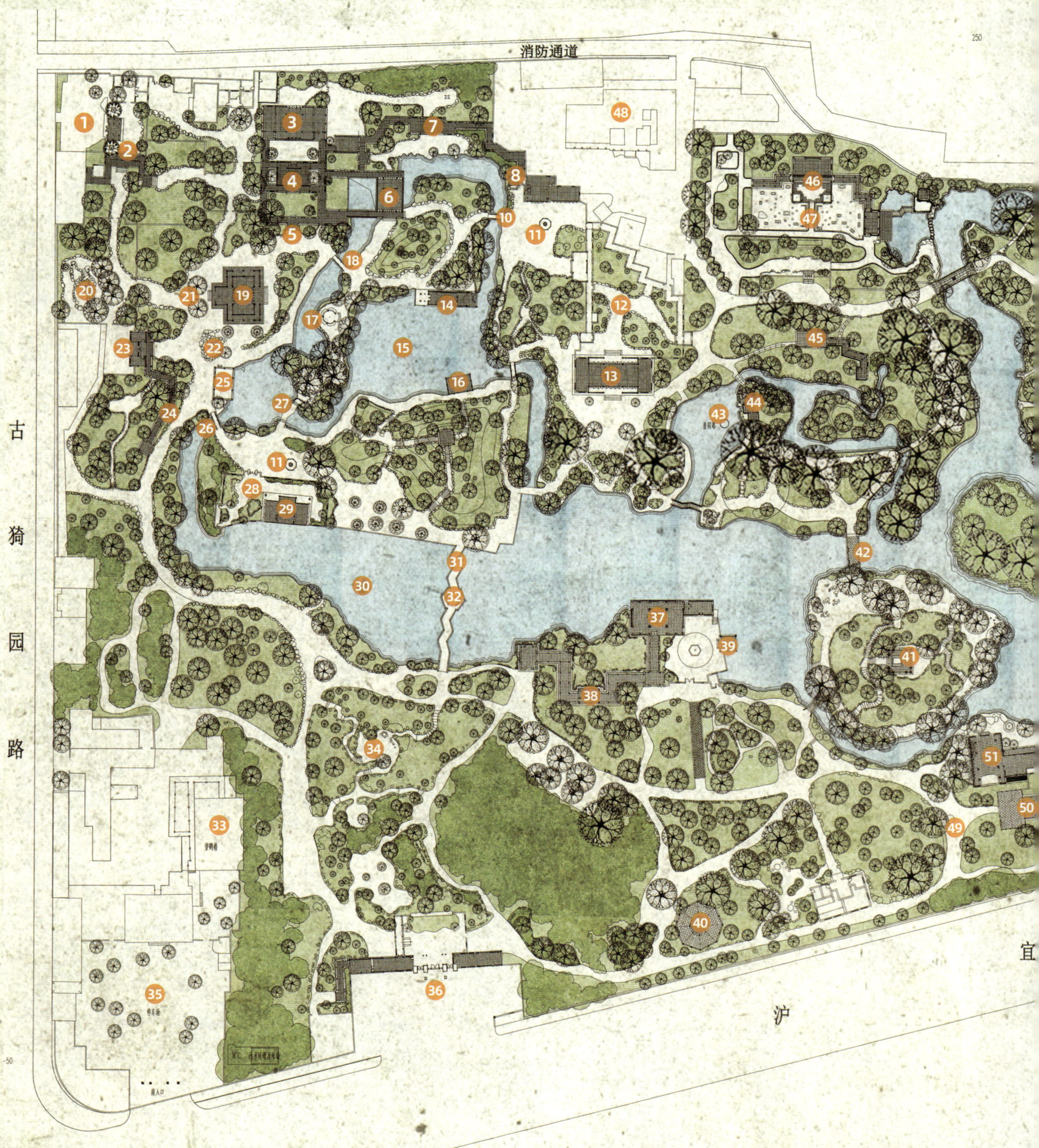
消防通道
古猗园路
沪
宜
1
2
3
4
5
6
7
8
10
11
12
13
14
15
16
17
18
19
20
21
22
23
24
25
26
27
28
29
30
31
32
33
34
35
36
37
38
39
40
41
42
43
44
45
46
47
48
49
50
51

1 北大门
2 孕清亭复廊
3 道法讲堂
4 春藻堂
5 半风亭
6 鸳鸯厅
7 柳带轩
8 绘月
9 微音阁
10 绘月桥
11 唐经幢
12 暗香园
13 梅花厅
14 不系舟
15 戏鹅池
16 浮筠阁
17 白鹤亭
18 梅鹤桥
19 逸野堂
20 幽赏亭
21 古盘槐
22 小云兜
23 老正门
24 采香廊
25 鸢飞鱼跃亭
26 鱼跃桥
27 磬折桥
28 南苑
29 南厅
30 鸳鸯湖
31 九曲桥
32 湖心亭
33 望鹤楼
34 牡丹园
35 停车场
36 南门
37 茗轩
38 曲香廊
39 牡丹亭
40 南亭
41 翔云阁
42 柳荫桥
43 普同塔
44 鹤寿轩
45 双鹤砦
46 花神殿
47 盆景园
48 办公管理区
49 万安塔
50 清青园
51 清磬山房
52 荷风竹露亭
53 君子堂
54 个园
55 秋水榭
56 隐香亭
57 瘦影碎月轩
58 猗猗亭
59 醉雨亭
60 石韵馆
61 不可居无竹
62 怡翠亭
63 竹外一支轩
64 翠霭园
65 翠霭楼
66 东门

古猗园总平面（2023）

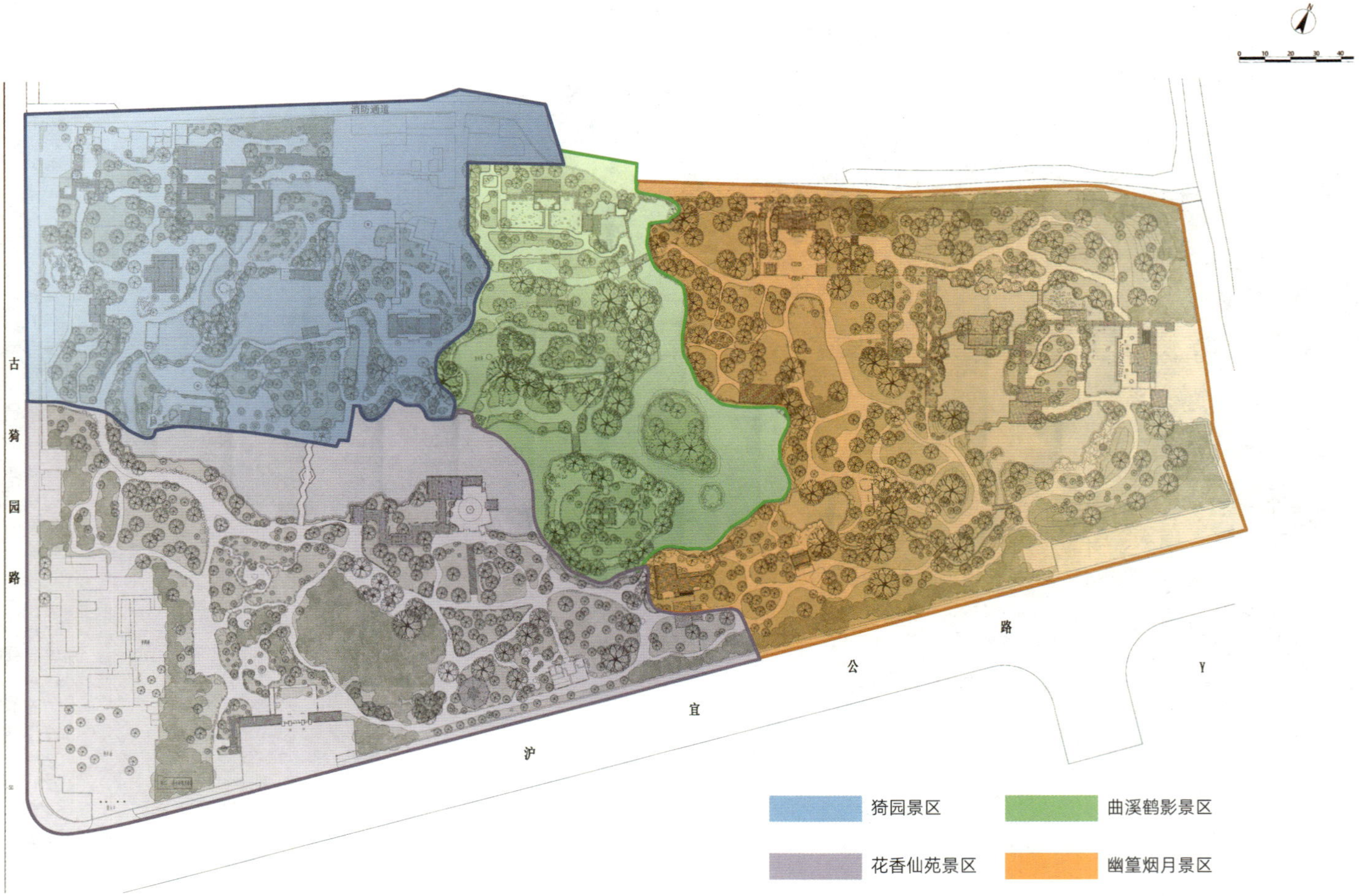

古猗园分区结构图（2023）

2

明清核心区的数字记录与复原

作为上海五大古典园林之一，古猗园园内保存着唐代经幢、宋代普同塔、南厅、微音阁等历史遗迹，明清核心保护区更是反映了五百年多年来私家园林、近代公共园林、现代城市公园的造园艺术精髓，承载了丰富的人文内涵。历史上，《康熙嘉定县志》中首次记载了作为李氏别业的猗园，清嘉庆十六年（1811）《嘉定县志中》绘制了古猗园图，20 世纪 30 年代童寯先生考察并测绘了古猗园。2021 年 7 月，同济大学师生对古猗园进行了建筑测绘；2022 年 7 月，上海工艺美术职业学院师生以古猗园明清核心保护区为对象，从园林文化遗产数字化保护与开发的角度出发，利用三维激光扫描、点云数据处理（PointCab）、三维建模、场景渲染等数字化技术，建立古猗园明清核心保护区的数字档案，形成一套反映古猗园造园特征及古建筑几何形态、空间结构与纹理的数字化产品，为后续多维度解读与展示古猗园文化遗产提供基础数据。

文化遗产的数字化保护

20 世纪 70 年代，世界遗产（自然与文化）领域开始出现与数字化保护相关的文件和实践，之后随着现代数字技术的日渐成熟，世界遗产数字化保护逐渐成为一个独立的领域。

园林文化遗产数字化保护是指利用数字技术对园林文化资源进行数字化采集、保护、保存、传播、再生产和恢复，为以一个全新的视角对其进行研究总结，以及更好地进行开发和利用奠定基础。2003 年颁布的《保存数字遗产宪章》（*Charter on the Preservation of Digital Heritage*），进一步将这类“由计算机材料构成，并具有持久价值，应为子孙后代保存”的数字资源纳为一种新的文化遗产形式（王玉珏等，2023），数字技术不再只是服务于遗产保护的工具，其过程中产生的“数字遗产”被认定为遗产保护的重要对象（杨晨等，2023）。

数字技术助力文化遗产保护是从物质性保护开始的，最初以物质本体记录与寿命延续工作为主。随着技术的发展，数字技术不再仅是服务性工具，同时也可以作为“遗产”的一种形式而存在，这极大地推动了文化遗产保护从“数字记录”向“数字共享”发展。近年来，数字赋能世界遗产保护与传播已成为前沿动态（杨晨等，2023）。

数字赋能在我国园林文化遗产保护与传播中发挥着重要的作用，例如 2000 年 10 月，故宫博物院与日本凸版印刷株式会社开启文化资产数字化应用研究合作，利用数字技术对故宫建筑和藏品的结构特征、表面装饰等信息进行采集，通过三维模型的重建，建立了数字化三维模型数据库，为弘扬中华优秀传统文化做出了开创性的探索；2009 年 4 月开始启动的圆明园数字复原工程（“再现圆明园”项目），借助三维扫描、虚拟现实、增强现实等数字化手段，重现“万园之园”圆明园的胜景，实现了沉浸式体验“三山五园”。

同样，数字技术在私家园林中也有较为广泛的应用，如：环秀山庄采用三维扫描技术非接触方式耦合 BIM 技术、AR、数字化存档、CIM 数字孪生等数字化技术，最终形成一系列能反映古建筑的几何形态、空间结构及纹理的数字化产品，实现了对古建筑原貌的完整保存以及永久存档，为虚拟游览体验项目的开发奠定了基础；《扬州何园数字化园林遗产图录》从遗产数字化记录规范和成果标准的视角，探索了古典园林遗产数字化的优化创新；苏州拙政园的“拙政问雅”夜游体验项目，以多媒体的方式在当代语境下阐释了世界遗产的价值，荣获 2023“全球世界遗产教育创新案例奖卓越之星奖”；上海豫园的“元宇宙灯会”作为上海市经信委发布的《上海市元宇宙重大应用场景建设成果名单（第一批）》项目，在 AR、VR、虚拟空间等技术的基础上，进一步融合数字人、数字藏品和 AIGC 等元宇宙技术，实现了虚拟与现实的融合，是上海元宇宙场景开发的代表性项目之一。

如今，3D 技术、虚拟现实技术、人工智能技术、新媒体等多种数字技术，为文化遗产保护赋能，并成为文化遗产场景开发的重要引擎。

数据采集对象

本次数据采集对象为古猗园的明清核心保护区（如右图所示），东西向约 210 m，南北向约 140 m，占地面积约 29400 m^2。采集对象为保护区内所有的园林物质要素和非物质文化素材，包括：十三栋园林建筑、以竹枝山为主体的叠山、以戏鹅池为主体的理水、园林植物、花石小路、泥塑木雕、诗词楹联、碑文等。

数据采集方法

本次采集通过三维数据真实、全面地记录古猗园明清核心保护区的信息，准确细分园林要素，梳理历史人文信息，建立数字化信息库，为后续监测、展示、保护与修复、场景开发提供翔实、完整的基础数据。

本次采集针对古猗园复杂的植被地形及建筑情况，通过 2 种三维激光扫描仪相结合的方式来提高效率以及数据准确性。针对建筑周边采用架站式的三维激光扫描仪天宝 X7，该设备配备一台 T10X 的平板电脑，在现场扫描的过程中可以同步进行数据传输和处理作业，极大地缩短了外部作业采集的后处理时间。该设备有效测程为 100m，扫描速度为 500KHZ，实际误差控制在 ±2 mm，扫描范围水平 360°，垂直 282°。该设备内搭载的相机可以同时拍照，为点云提供颜色 RGB 信息（如右表所示）。

在此类常规大场景中会将三维激光扫描仪及无人机搭配使用，以补充屋顶及场景地形信息，但由于古猗园处于禁飞区，所以我们采用移动式的三维激光扫描仪来增加作业效率，采集设备为其域 L1，该设备扫描速度为 320000 点 / 每秒 , 扫描精度控制在 ±1 cm，里程累计误差控制在 0.01%，适用工作环境为 -20℃～ 50℃。

本次地面三维激光精度满足《地面三维激光扫描作业技术规程》（CHZ3017-2015）三级标准，特征点间距中误差小于 5 cm（如右表所示）。

明清核心保护区测绘范围在古猗园总平面图中所占的位置

明清核心保护区测绘范围

数据采集设备清单

设备名称	型号	数量 / 个
移动式三维激光扫描仪	其域 L1	1
架站式三维激光扫描仪	天宝 X7	1
相机	佳能 EOS 5D	1
相机	索尼微单	1

地面三维激光扫描点云精度与技术指标表

等级	特征点间距中误差 /mm	点位相对于临近控制点中误差 /mm	最大点间距 /mm	配准要求
一等	≤5	—	≤3	应采用标靶进行配准、连续传递配准次数不应超过 4 次
二等	≤15	≤30	≤10	控制点之间连续传递配准次数不应超过 5 次
三等	≤50	≤100	≤25	控制点之间连续传递配准次数不应超过 5 次
四等	≤200	≤250	—	—
注：一等不宜通过控制点进行配准				

数据采集现场工作

数据采集前收集了相关的文献资料，对现有的图纸和档案进行整理与分析，总结出古猗园明清核心保护区的主要特征如下。

（1）建筑类型丰富：古猗园中的园林建筑有厅堂、台榭、楼阁、亭、廊、舫、轩等多种形式，形式丰富，精致而简约。

（2）建筑质量情况：园林建筑为木质结构，调查前对十三栋建筑的质量进行翔实的调研。

（3）区域划分：经过了历史的迭代，古猗园明清核心保护区景点已经形成了相对明确的区域构成，每个区域都有自己独特的功能和造园意境。

（4）多样化的园林类型：园林类型丰富多样，包括水池、假山、廊亭、亭台楼阁、花木等。

（5）古树名木突出：古猗园内有 19 株百年以上的古树名木，其中，逸野堂前的盘槐树龄超过 500 年。

（6）园林绿化茂密：园内绿化茂密，以高大乔木、竹林为主体，对建筑屋面数据采集有一定的影响。

数据采集技术方案设计

使用架站式三维激光扫描仪在测区内逐站进行扫描及拍照，每个站点扫描加拍照时间共计 5 分 30 秒时间。扫描完成后，数据会自动传输到配套的 T10X 平板电脑中，在软件中可实时看到扫描数据，检查是否有遗漏信息，确保数据完整后将扫描仪搬至下一个站点，逐站推进直到完成整个测区的信息采集（如右图所示）。

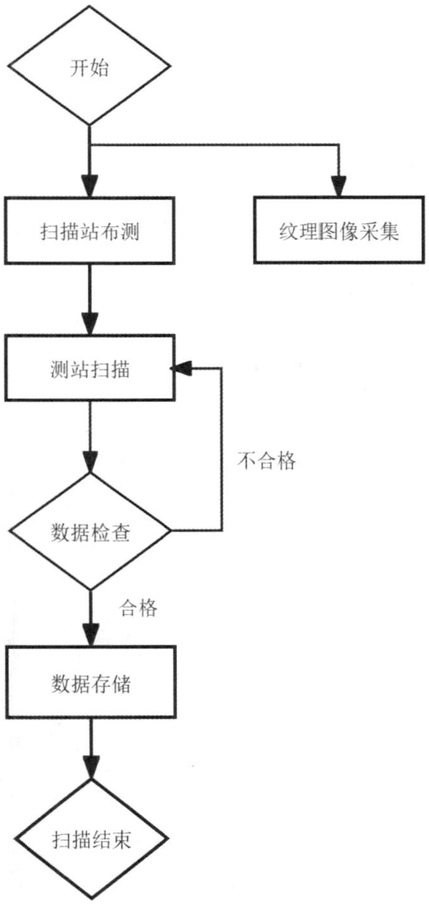

数据采集技术方案

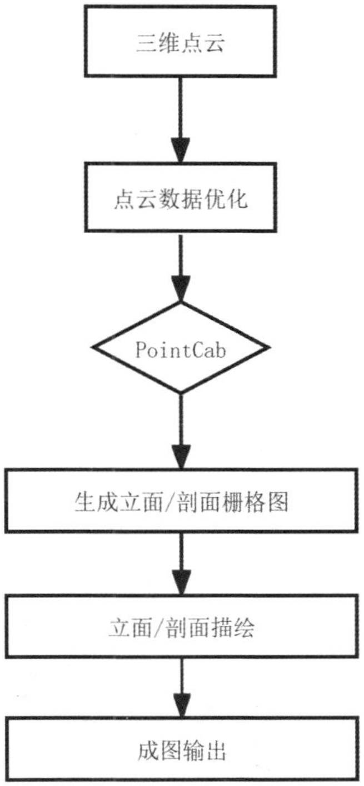

二维数据分析方案设计

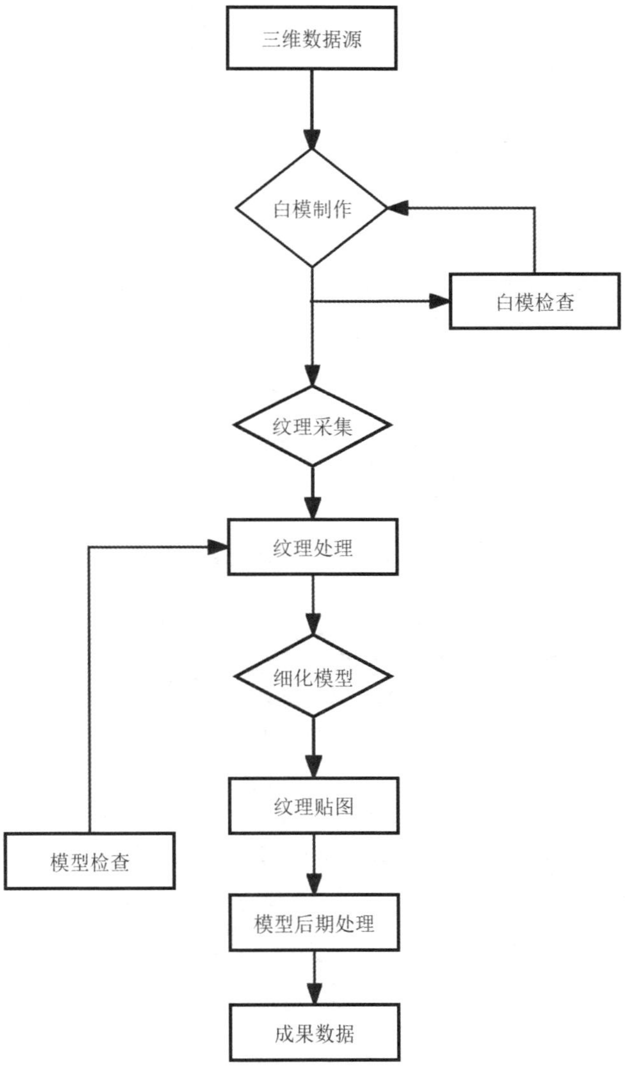

三维数据方案分析技术流程

扫描点布局

数据扫描点布局

古猗园构成复杂，形式多样，反映了“虽由人作，宛自天开”的造园境界。在数据采集过程中，我们遇到了以下挑战。

（1）地形地貌复杂：古猗园的地形地貌比较复杂，有山有水，有草木花卉，这些都需要在进行地形场景扫描时，考虑到地形的起伏和海拔高度的变化，以确保测绘结果的精度和准确性。

（2）游客干扰：古猗园是著名的旅游景点，游客较多，人流量大。在游客较多的时候，测绘工作可能会受到人流干扰，工作进度和质量受到影响。因此，需要在游客较少的时候进行测绘工作，或者采取措施减少游客对测绘工作的干扰。

（3）建筑内部光照不足：无法满足全景相机与单反相机的拍摄条件。拟在现场增加柔光灯进行现场补光，获取清晰的纹理与全景影像。

（4）建筑和景点复杂多样：古猗园是一座历史悠久的园林，建筑和景点比较复杂，有可能存在不同年代的建筑混杂在一起的情况，这会给测绘工作带来一定的困难。此外，由于古猗园的历史悠久，建筑和景点的状况各异，有些可能已经残破不堪或者已经不存，这也会对测绘工作造成影响。

为满足以下四点要求，共设置了 306 个非接触式三维激光扫描场地，涵括整个明清核心保护区内的所有园林要素，如左图所示：

（1）扫描站应设置在视野开阔、地面稳定的安全区域；

（2）扫描站扫描范围应覆盖整个扫描目标物，均匀布设，尽量减少设站数目；

（3）目标物结构复杂、通视困难或线路有拐角的情况下应适当增加扫描站；

（4）需要搭设平台时，应保证平台稳定和仪器、人身安全。

纹理图像采集与导出

通过自带拼接软件 Trimble Perspective 进行配准、降噪、抽稀及图像数据处理。

1. 降噪与抽稀

降噪与抽稀应符合下列规定：

（1）点云数据中存在脱离扫描目标物的异常点、孤立点时，应采用滤波或人机交互进行降噪处理；

（2）点云数据抽稀应不影响目标物特征的识别与提取，且抽稀后点间距应满足要求。

2. 点云数据配准

本次扫描采用无标靶拼接，在作业过程中可选择自动与上一站点进行配准，软件会通过 ICP 算法拾取特征点进行自动配准。

3. 图像数据处理

图像数据处理包括图像色彩调整、变形纠正、图像配准、格式转换等，应符合下列要求：

（1）图像出现曝光过度、曝光不足、阴影，或相邻图像间出现色彩差异等现象时，应进行色彩调整保持图像反差适中、色彩一致；

（2）因视角或镜头畸变引起变形时，应对图像的变形部分做纠正处理；

（3）图像配准时，应保证图像细节表现清晰；

（4）将处理后的图像转换为通用的文件格式；

（5）处理后的图像应与实地情况相符，真实反映实际材质的图案、质感、颜色及透明度。

完成预处理之后，点云即可导出至第三方软件，进行线画图与三维模型制作。本次项目输出 LAS 与 RCS 两种格式点云，分别用于建筑线画图绘制与三维模型制作。

二维数据分析与绘制

将现场处理好的点云导入软件进行抽稀、去噪等优化后，将点云导入至 PointCab 中生成需要绘制的建筑平面、立面切片栅格图，根据得到的切片栅格图在 CAD 中进行平面、立面的描绘，再针对细节部位进行处理优化，最终完成建筑的 CAD 矢量图。

1. 点云数据优化

扫描仪的数据密度与扫描时选择的分辨率有很大关系，分辨率的设置直接影响激光束的密度、最终数据量的大小以及扫描所需的时间。

为了能将场景扫描完整，相邻测站之间必然会有大量重叠数据。同一区域会被不同测站位置的站点多次测量，这就导致了数据冗余。此外，扫描仪的数据特点是近处密远处稀，这就要求我们在点云分析之前要对数据进行优化，优化的方法是将所有测站合并，然后根据数据点的间距进行采样（如右图所示）。

均匀化采样既缩小了数据的大小，又优化了数据结构，为后期的数据分析提供了优质的数据源。本次项目点云采样为 1 cm。

2. 导入 PointCab 软件绘制建筑图纸

将点云数据导入 PointCab 软件，PointCab 软件可以沿着任意方向制作剖切面投影，并生成 DWG 格式。

生成建筑立面投影图之后即可在 CAD 中进行立面、剖面图的绘制。

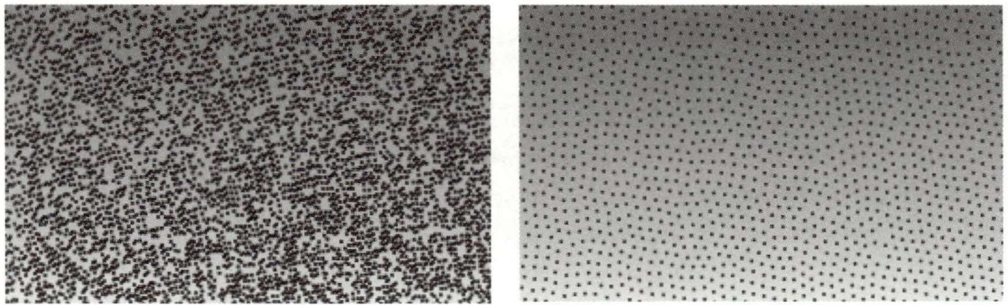

采样前　　采样后

点云数据采样优化

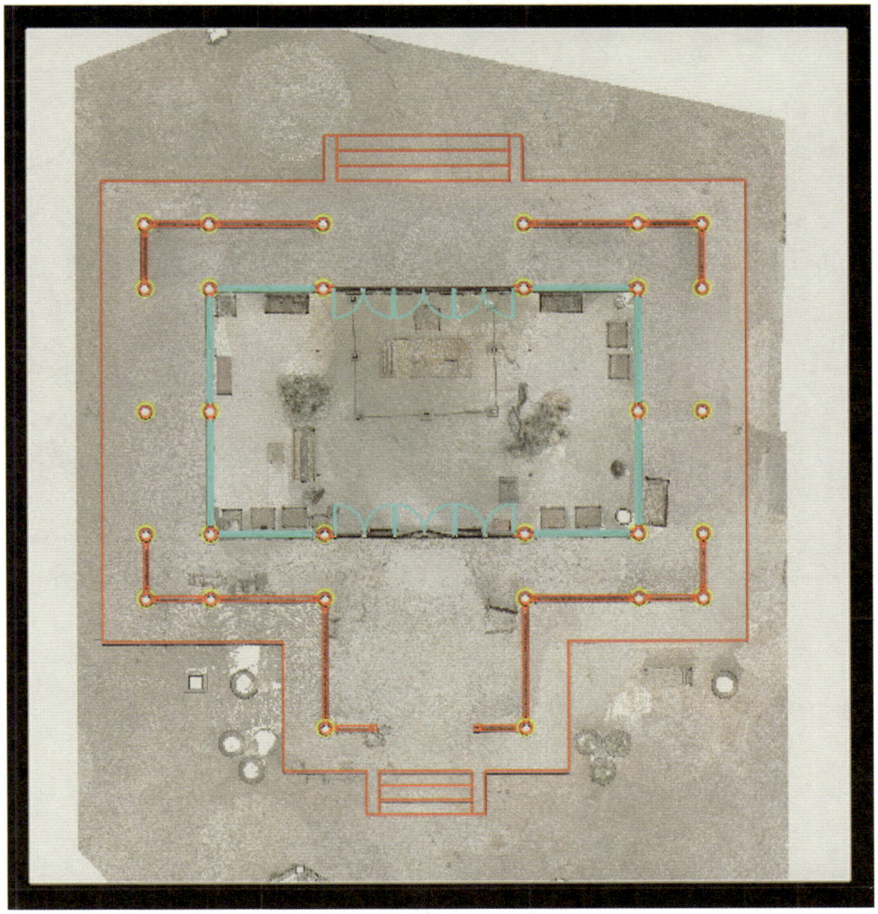

建筑平面投影

立面绘制

立面绘制

三维数据分析与建模

将 RCS 格式的点云导入 3DMAX 软件中进行人工建模，对照点云制作园林建筑的主体结构：墙、柱、梁、楼板、楼梯、天花板、门窗等信息的白膜，再对照现场拍好的纹理照片，制作贴图，细化模型，最后生成完整的三维模型成果。

1. 模型纹理要求

纹理文件必须与相对应的 3DMax 文件存在同一目录下。

贴图的文件格式应为 jpg 或 png，像素必须为 2 的幂次方，如 32×32、64×128 等。最大尺寸不得超过 1024×1024，最小尺寸不得小于 16×16。在满足分辨率及符合实际比例的前提下，应使用小尺寸贴图。

建筑上同一墙面上的不同贴图的色调应协调一致，不应出现明显的拼接感。相邻墙面上的贴图也应保持协调，做到对齐窗缝、门缝、砖缝等。同一个建筑物模型可共用同一张纹理贴图。例如：使用实景照片制作纹理贴图时，应尽量处理掉图中的人、车、植物、衣物等非建筑实体，并对图中主要内容进行清晰化处理，保证贴图所体现的主体内容清晰完整。再如：为保证贴图呈现的效果真实生动，应使用 Photoshop 软件调整“亮度 / 对比度”“色相饱和度”“色阶”等。

在 3DMax 中应使用 Standard 标准材质，材质类型均应使用 Blinn。除 Diffuse 通道、Opacity 通道、Self Illumination 通道可加贴图外，其他通道不得加贴图。贴图不能在 3DMax 材质编辑器中进行裁切，如只需取部分贴图内容，可使用“uvw 展开”命令。透明贴图的源文件应是 png 格式文件，材质的透明度应靠贴图的通道来实现，不应在材质编辑器中对材质的透明度进行调节。

模型贴图坐标设置应符合现场实际情况，不应出现拉伸现象；不应出现 uvw 坐标丢失的现象，如下页图所示。

2. 模型几何数据处理

模型中不应存在冗余信息，冗余数据包括多余点、线、面、材质、空物体、摄像机及辅助模型等，以节省数据量。对于由沉降、老化变形引起的形变应按照原有结构建模。

不宜使月 Surface 建模、NURBS 建模的方式。模型不应存在重叠面。重点主体模型应保证模型视觉效果同时节省数据量，非重点或体积小的附属设施可以简化表现，尤其是曲线挤压的时候应控制线的段数。

应利用捕捉工具使模型的相邻面严密衔接，不应出现缝隙、错位和交叉情况。例如：模型面数均以三角面数计算。每一单个物体的面数最多不得超过 10000 个。若一完整的单体的面数超过 10000 个，需对其进行拆分，拆分后类别不变，每一物体面数不超过 10000 个。

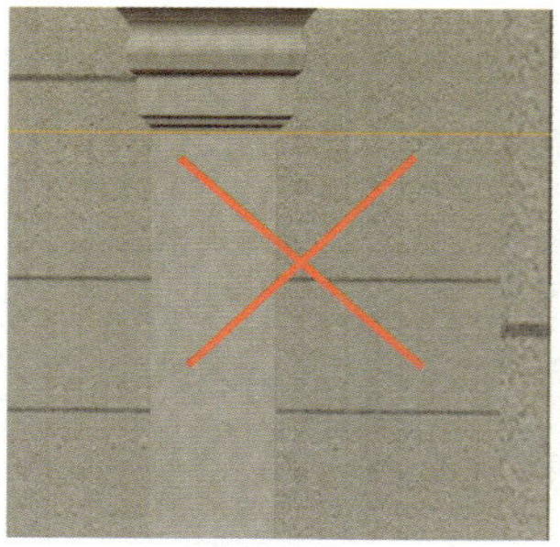

错误示例

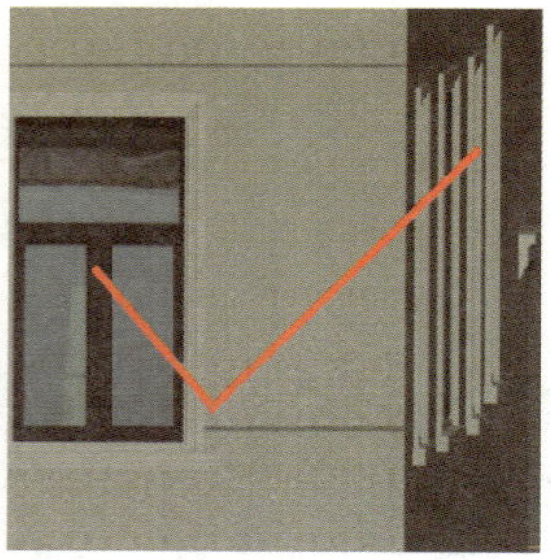

正确示例

建模贴图正确示例与错误示例

实景照片

制作贴图

建模贴图处理示范

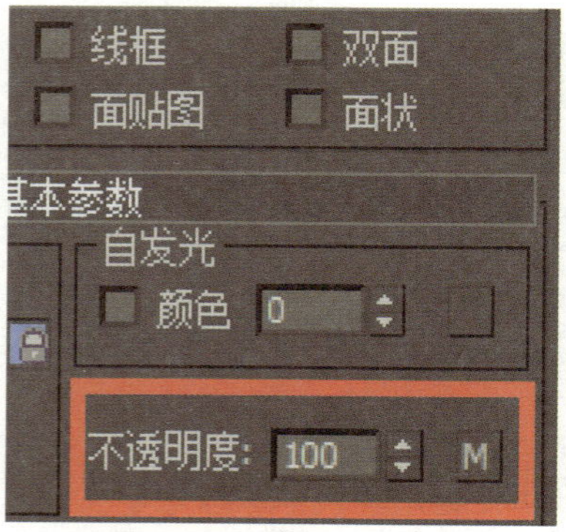

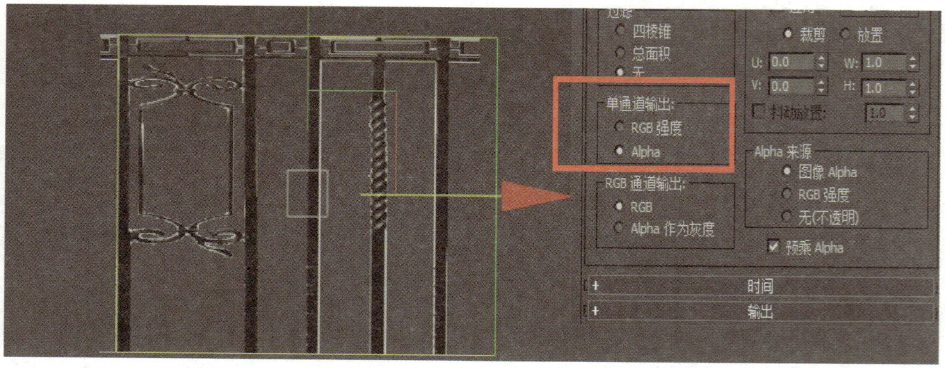

透明通道参数设置

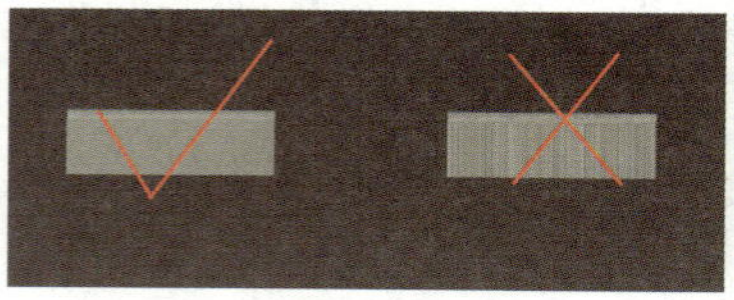

贴图 UI 处理

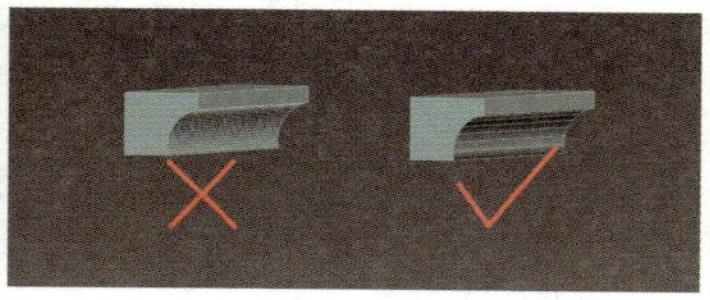

几何模型处理

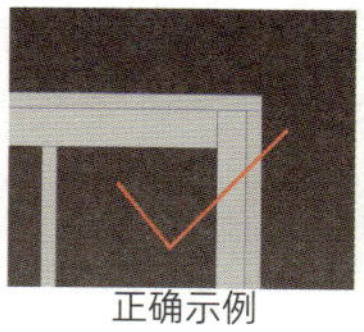

正确示例

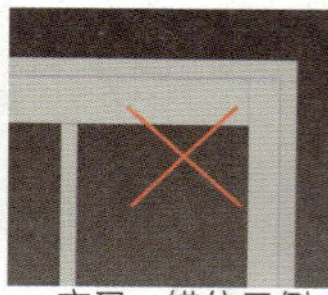

交叉、错位示例

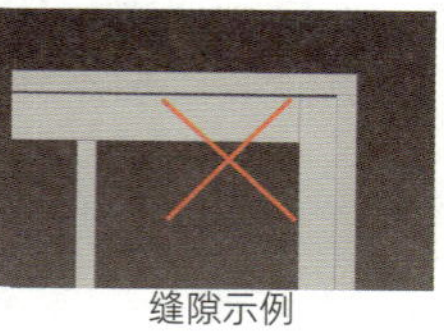

缝隙示例

建模细节示例

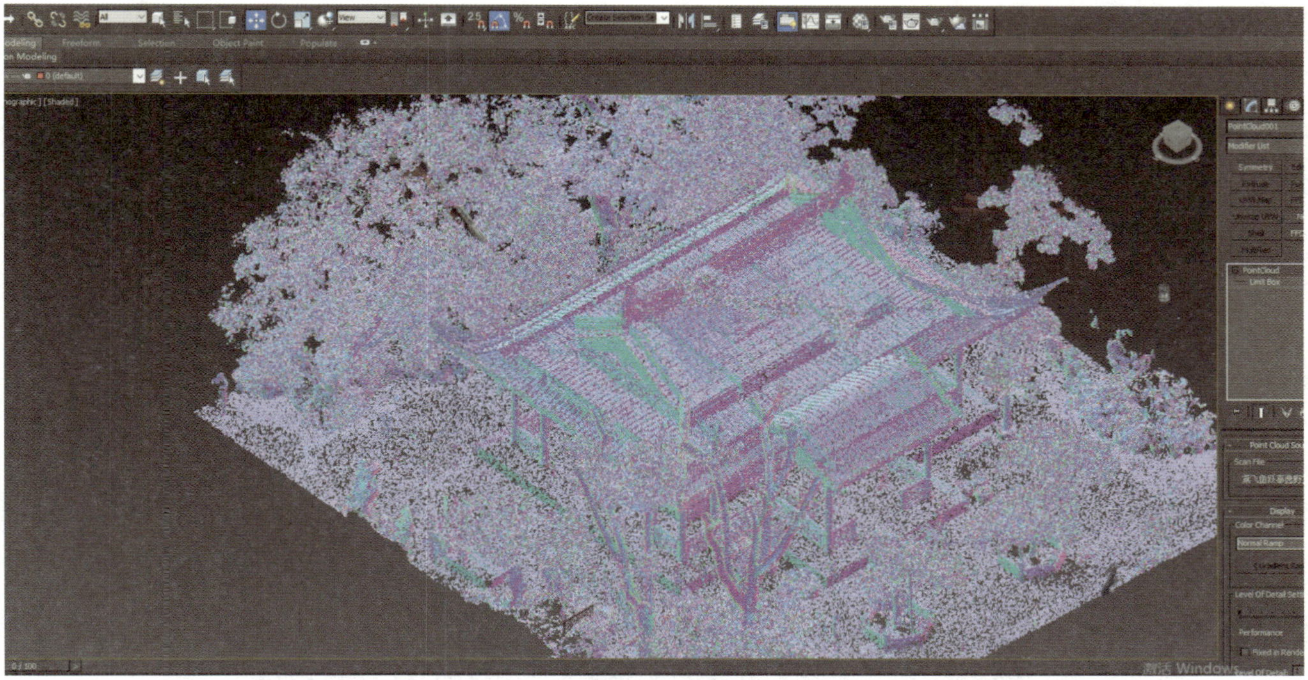

点云数据导入 3DMAX

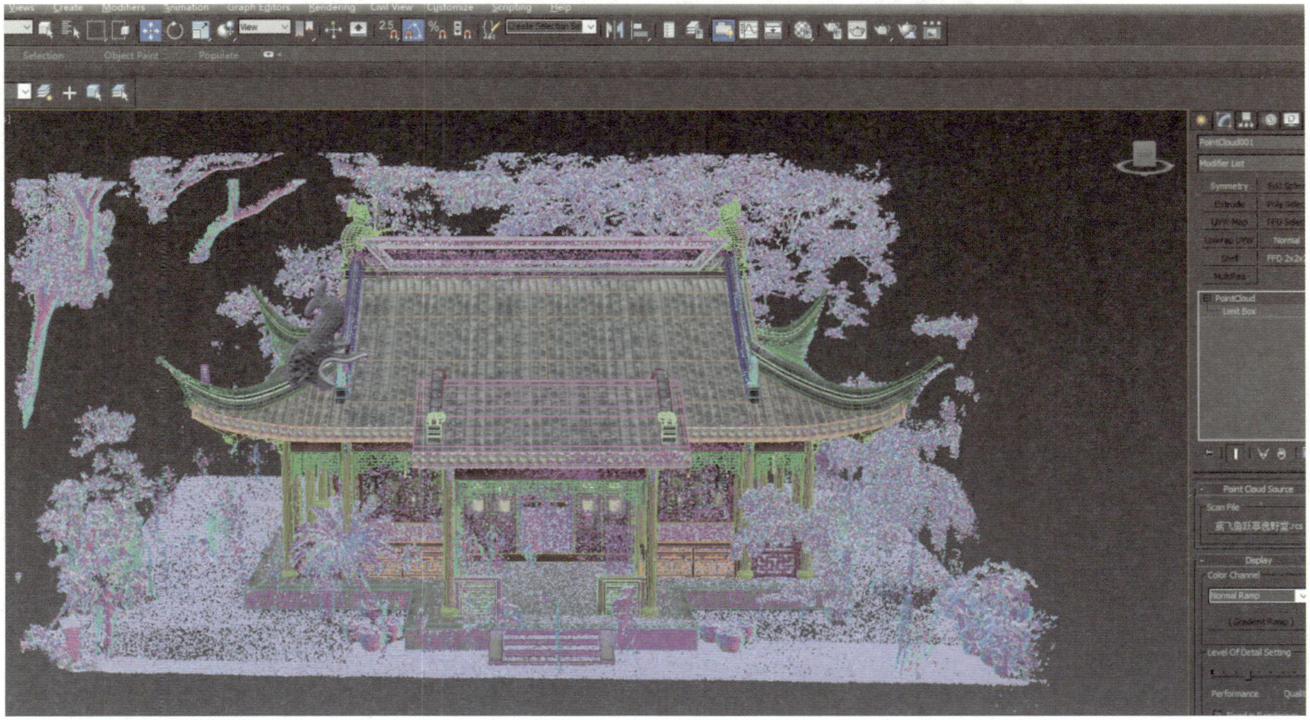

3DMAX 中场景建模

场景复原（以逸野堂为例）

3

明清核心区造园特征

古猗园作为江南古典园林的代表之一，充分展现了明清时期江南古典园林的造园艺术魅力，其造园特征主要体现在立意、堆山理水、建筑、楹联诗词、花石小路等之上。

明清核心区以戏鹅池为中心，水域广阔，两岸用多座桥梁相连，形成了独特的岛屿景观，并通过隔、掩、破等手法，实现了园中有水、水中有景、步移景异的效果；园内的亭、台、楼、阁、水榭、长廊等建筑错落有致，与水体相互穿插，明暗交错、进退有序，使游客在游览过程中能够充分感受到传统园林的韵味；“绿竹猗猗”更是表现了文人园林造园的意趣，各类花木相映成趣，四季景色各异。

楹联诗词与花石小路作为古猗园重要的文化遗产，以独特的艺术形式和深厚的文化内涵展现了江南古典园林的独特魅力与韵味。

古猗园点云模型透视图（明清核心保护区）

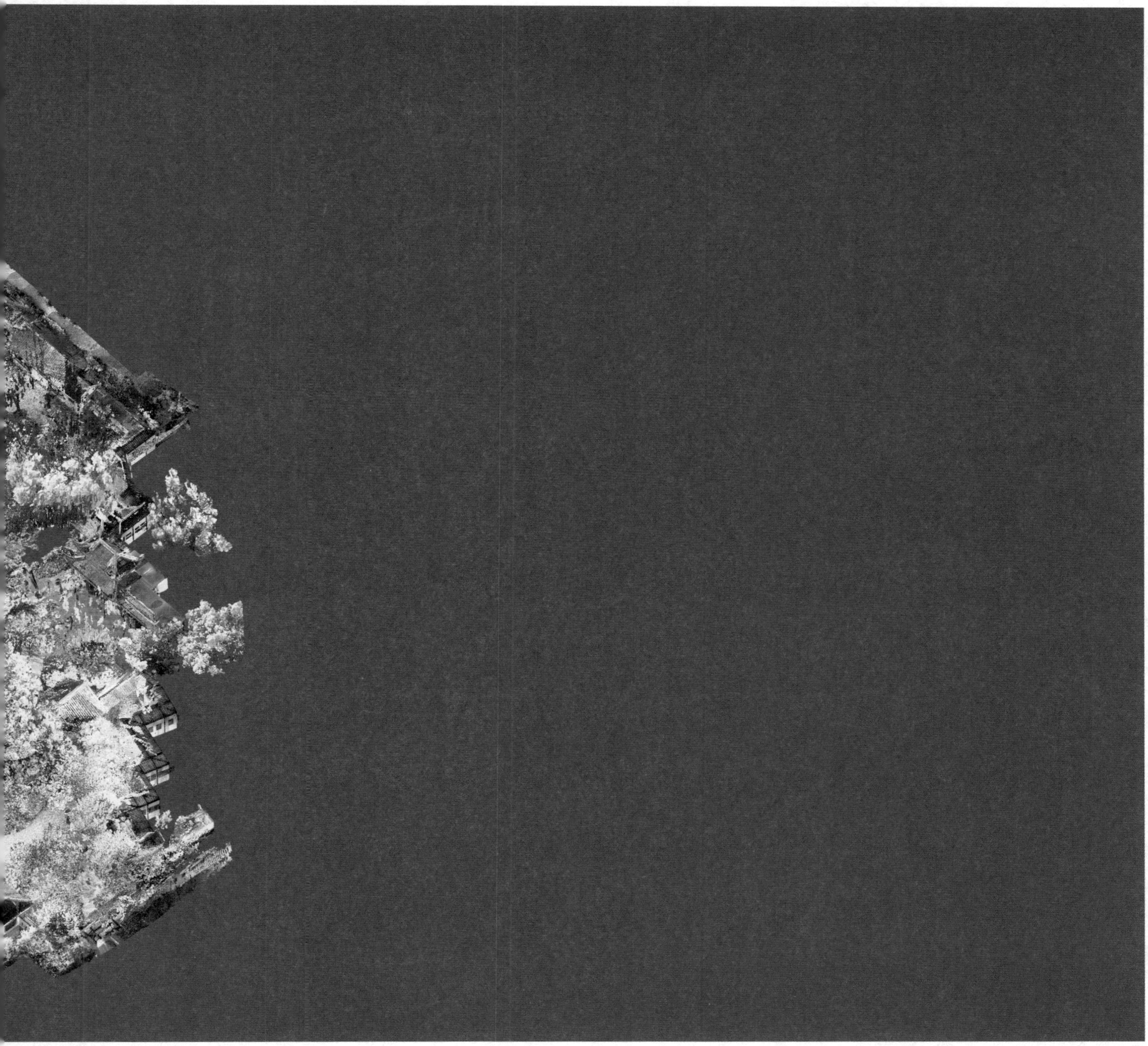

古猗园点云模型透视图（明清核心保护区）

古猗园点云正射影像图（明清核心保护区）

立意

“三分匠，七分主人”。闵士籍在改建借园时，邀请嘉定竹刻“三朱”之一的朱三松设计督造，取《诗经·卫风·淇奥》“瞻彼淇奥，绿竹猗猗”之意，相地立基，疏浚池塘，堆土叠山，宜亭斯亭，宜榭斯榭，不妨偏径，顿置婉转，巧而得体，构建了“有水一池，有竹千竿”的园林格局，所筑亭台、楼阁、立柱、椽子、长廊都刻着千姿百态的竹景图案。

朱三松擅长竹刻、书画、叠石，亦工造园，在古猗园的屋前宅后、石旁路边、临水驳岸及粉墙等处，点缀三五丛竹，与建筑、道路、假山、花木等相映成趣，“竹径通幽”，“名”与“园”相统一，营造了独具魅力的“绿竹猗猗”的园林特征。

整个明清核心保护区根据历史更迭、造园意境、空间组织等因素，可划分为逸野堂区域、戏鹅池区域、松鹤园区域及水木明瑟区域等四个区域。

明清核心保护区空间布局结构

1 北大门入口
2 孕清亭复廊
3 幽赏亭
4 逸野堂前（古盘槐）
5 北园门
6 采香廊
7 鸢飞鱼跃轩
8 鱼跃桥
9 南苑
10 南厅
11 缺角亭（竹枝山）
12 浮筠阁
13 浮玉桥
14 绘月桥
15 不系舟
16 梅鹤桥
17 白鹤亭
18 小松冈
19 磬折桥
20 小云兜
21 逸野堂
22 半风亭
23 春藻堂院落
24 道法讲堂后院
25 水木明瑟回廊
26 水庭
27 鸳鸯厅
28 柳带轩回廊
29 碑廊
30 绘月
31 微音阁
32 暗香园碑廊
33 梅花厅
34 梅花厅入口

明清核心保护区空间序列

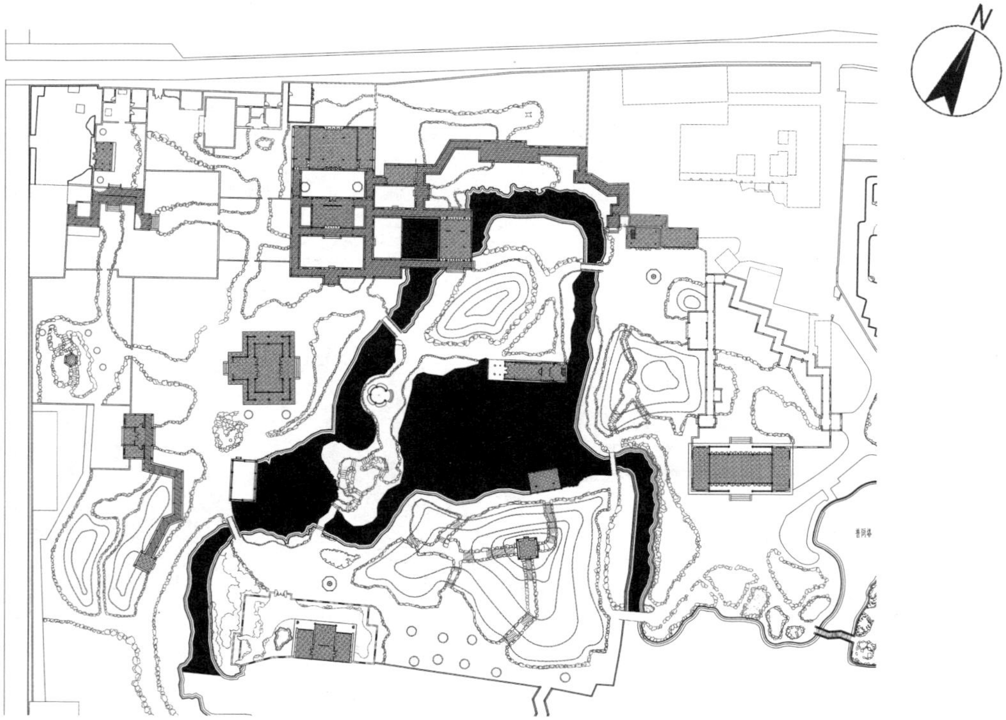

明清核心保护区堆山与理水

堆山理水

“幽静曲水”反映了古猗园堆山理水的特色。明嘉靖初年，徽籍闵姓始建古猗园，引南河之水入园，下掘湖池，堆土成山，建成以池为中心，舟阁相对、山水相依的格局；明万历年间，朱三松增设泛春渠，构建“有水一池、有竹千竿”的布局；明崇祯年间的园主李宜之“借水成三径，搴云补一林。委蛇俱户牖，咫尺亦登临。梁月分初影，溪杉列远岑”的诗画意境；清乾隆年间洞庭山人叶锦购得后大兴土木，基本形成了古猗园明清核心保护区的基本格局。

古猗园明清核心保护区堆山理水，通过戏鹅池、泛春渠、竹枝山、小松岗、嘉树亭土坡构成了“两池三山”的格局，池上两座山岛、五座桥将水面划分为不同的独立空间，不系舟、梅花厅、浮筠阁、白鹤亭、小云兜、鸢飞鱼跃轩、逸野堂、鸳鸯厅环绕四周，亭台错落有致，地势高低起伏，碧水之上，凭栏而望，“风度猗园竹影静，水依殿霭石幢高”。

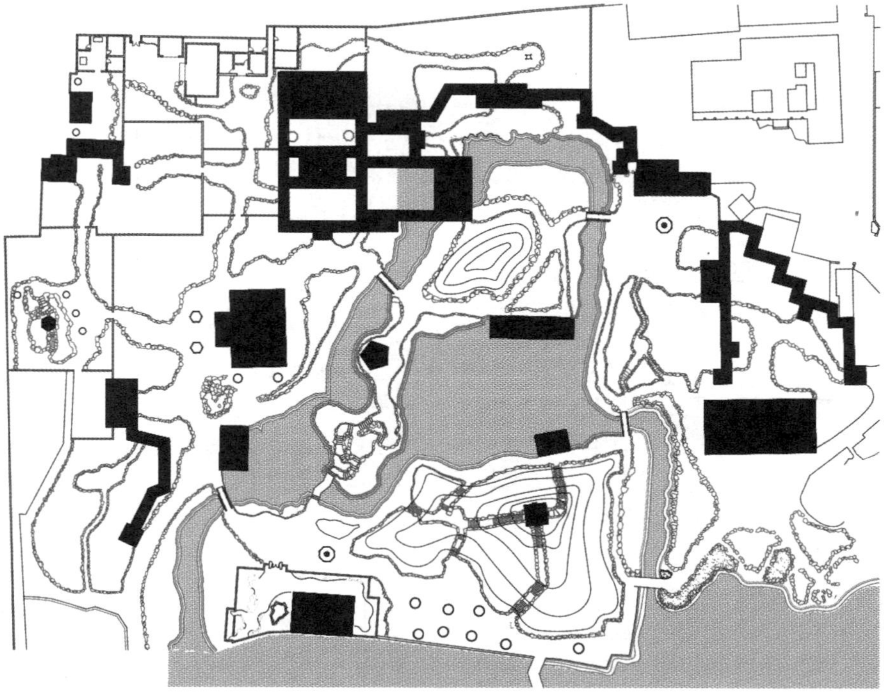

明清核心保护区建筑肌理

建筑

古猗园的建筑以明清两代为主，建筑风格或古朴庄重，或纤丽精巧，园子虽面积不大，却反映了明清私家造园“市中宅院建筑居多”的特点。因此，古猗园素有“十亩之园，五亩之宅”之说。园中建筑因势随形，宅院与园林建筑融为一体，呈内向为主、外向为辅的空间组合形式。西北处宅院反映了闹中取静的内向布局形式，中部与南部环绕戏鹅池，厅、堂、轩、舟、榭、楼、阁、亭、廊相互呼应与映衬，相对独立又相互联系，在有限的空间中营造出“亭台到处皆临水，屋宇虽多不碍山”的江南古典园林意境。

古猗园以动点透视的方法组织空间，几条路线相互交织，呈现多空间、多视点、连续性等特征：

园子的西北部主要为生活空间序列，园林水景将居住建筑、厅堂建筑、回廊贯穿起来，形成单向环路。

园子中部区域以戏鹅池、泛春渠、竹枝山、小松冈为核心，散点布置亭、堂、轩、舟，形成向外南望、向内封闭的空间序列。

园子外圈以廊、湖、竹林、院落（南苑、暗香园）形成收放交替的空间。

逸野堂区域

该区域为主要的入户空间，通过空间对比、引导与暗示、藏与露、虚与实等空间处理手法，借助院墙、园廊、叠石、轩厅建筑、花木的配置，营造出“涉门成趣、得景随形”“径缘三益，园墙隐约于萝间”“纵目皆然，竹坞寻幽”的园林意境。

逸野堂区域是江南古典园林的缩影，集中体现了园主人隐逸为高、寄情山水的思想情趣。

北大门入口以不同尺寸的空间的对比，产生欲扬先抑的效果，这也是闹中取静的城市山林空间处理的重要方法。从北大门到幽趣亭，通过三个院落的过渡，同时借助隐约出现的院墙与人工假山，营造出咫尺山林的意境。从幽赏亭行至逸野堂，到达入园后的第一个开敞性空间，院落蜿蜒的小路与堂前对植的古盘槐，进一步强化了逸野堂的核心地位。从北大门通过小云兜到逸野堂，小云兜犹如晨雾中的云朵，让逸野堂隔而不断、隐约可见。戏鹅池、南苑（即竹圃）、鸳鸯湖（即南河），营造出“纳千顷汪洋，收四时之烂漫”的意境。

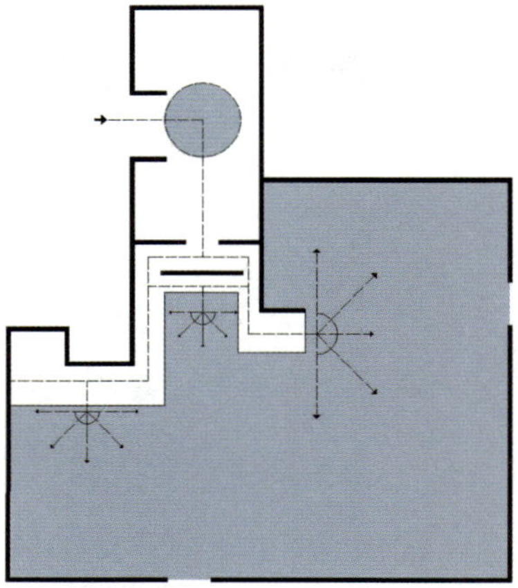

北大门入口空间处理

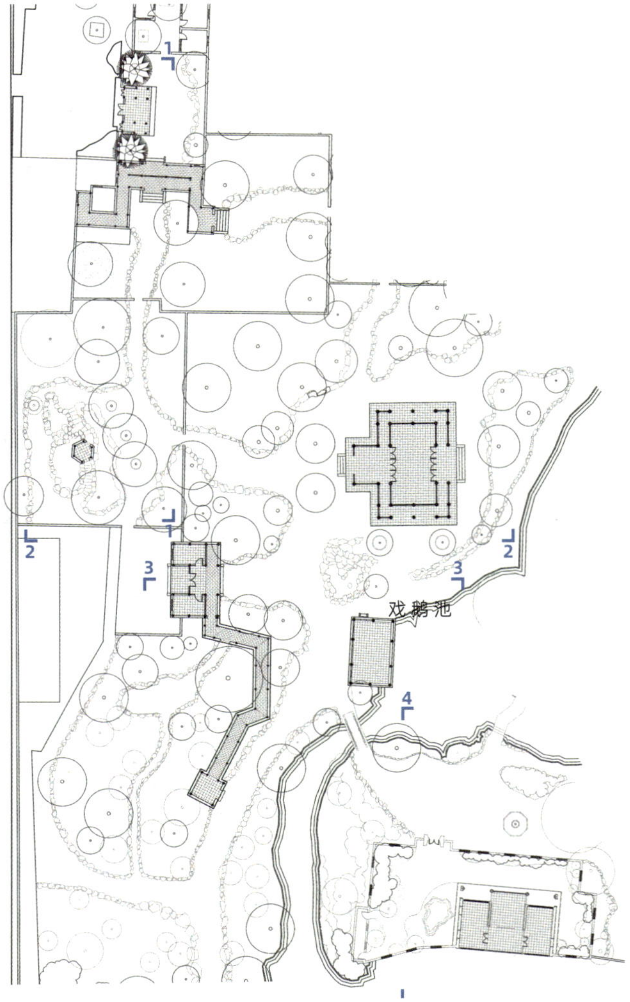

逸野堂区域平面

南苑门楼砖雕

逸野堂屋脊鸱

1-1 剖面 幽赏亭—北大门

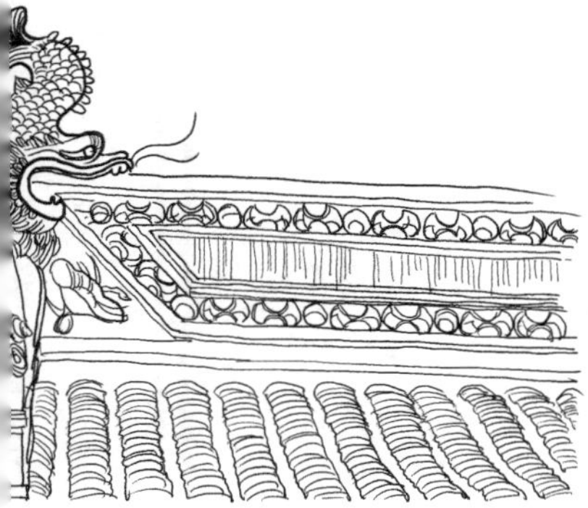

2-2 剖面 幽赏亭—逸野堂

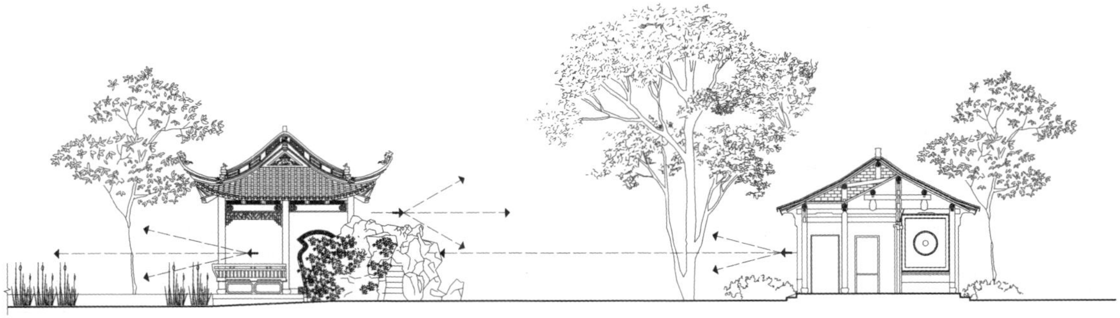

3-3 剖面 北园门—小云兜—戏鹅池

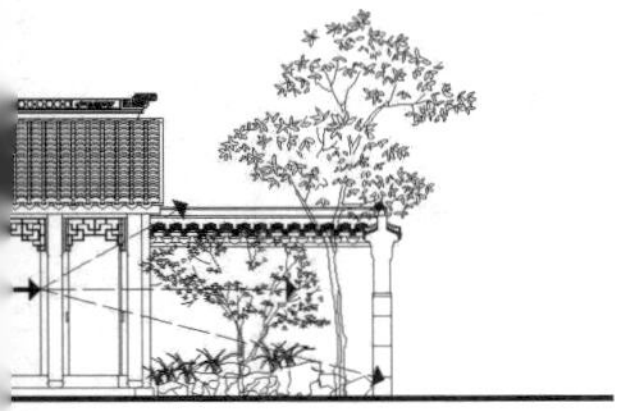

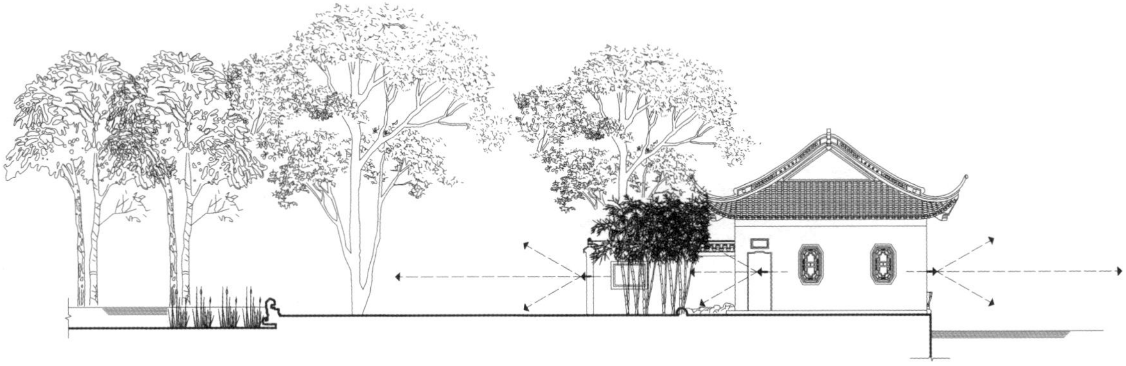

4-4 剖面 戏鹅池—南苑—鸳鸯湖

逸野堂区域空间分析

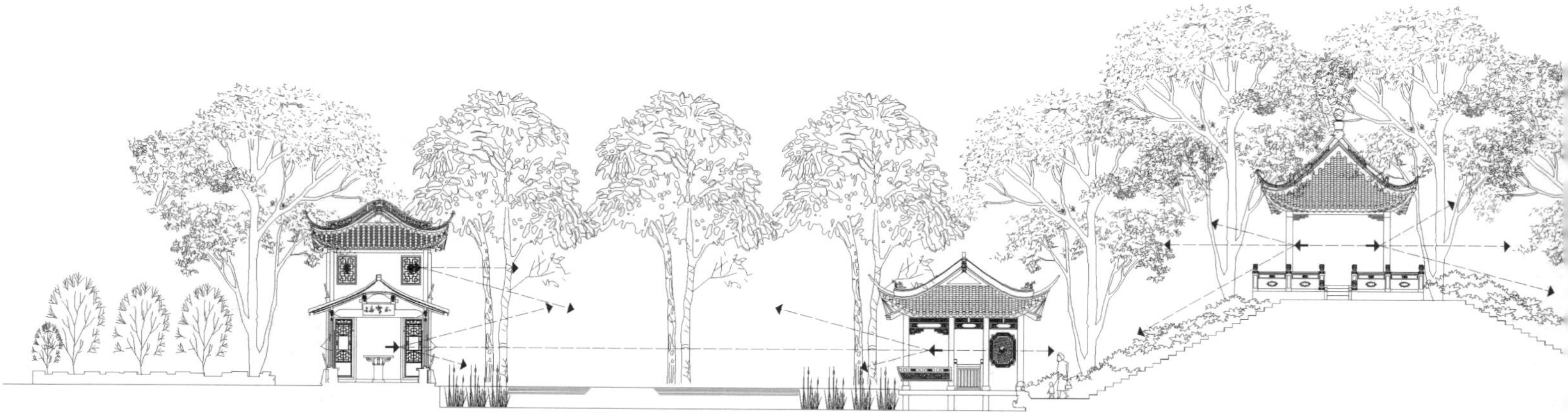

2-2 剖面

戏鹅池区域

戏鹅池区域以池为中心，舟阁相对、山水相依，戏鹅池、泛春渠水系与竹枝山、小松冈、嘉树亭土坡构成“两池三山”的格局，表现了私家园林的理水艺术。池上堆出两座山岛，通过鱼跃桥、罄折桥、浮玉桥、绘月桥、梅鹤桥将水面分成三块，形成大小相宜的水域空间。环水布置廊、亭、堂、轩、舫等建筑，通过建筑的通透性、亲水性，营造富有节奏与韵律的景致，成为园中的核心区域。

以戏鹅池为中心，沿水岸散点布置园林建筑，南北两侧堆山叠石，沿南北轴线形成丰富层次；东西两侧通过花木与园路，营造出舟阁相对、山水相依，地势高低起伏、错落有致的园林景观。通过挖池堆山，构建内向与外向两种空间，内向空间围绕戏鹅池而展开，外向空间远望城隍庙，聆听梵音。通过蜿蜒曲折的水景变化与富有层次的花木配置，形成丰富的咫尺山林空间。

白鹤南望

浮筠阁一角

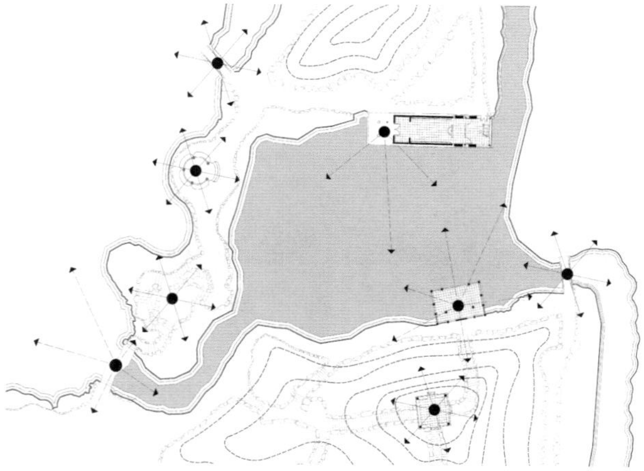

戏鹅池空间处理

1-1 剖面 逸野堂—不系舟

角亭云纹石栏

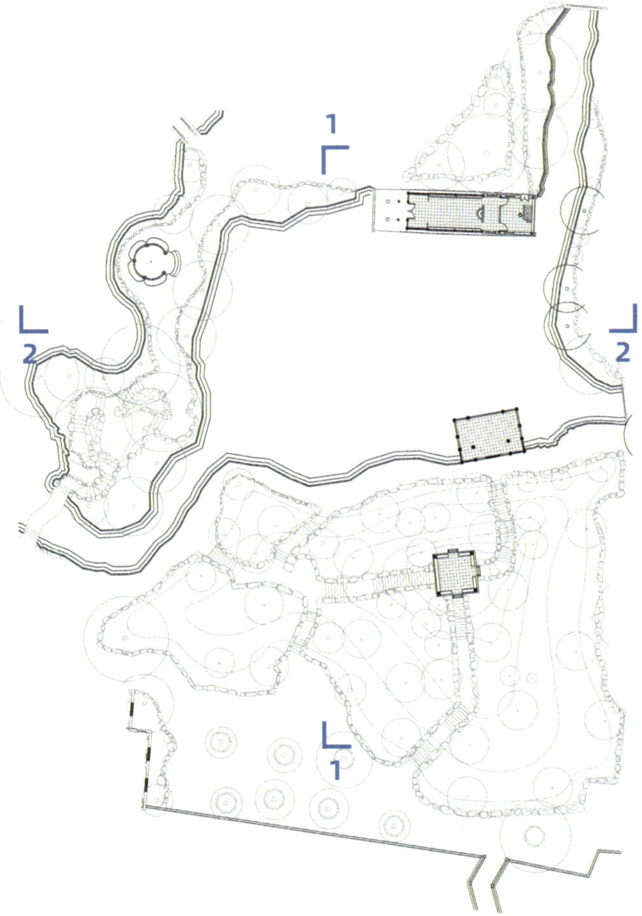

戏鹅池区域平面

浮玉桥秋色

戏鹅池区域空间分析

松鹤园区域

该区域以梅花厅与暗香园为主体，位于整个明清核心保护区的最东侧，是一个独立的院落空间，绕幽径可见之。

梅花厅与暗香园是由厅堂建筑、回廊及亭等建筑组合成的一个内向性空间，随形成院，同时借助院墙、堆山与花木，以及藏与露、虚与实、起伏与层次等空间手法，形成深远的园林空间感。

从梅花厅到浮筠阁，借助高低层次不同的空间，形成“看”与“被看”的多种视角；从微音阁到梅花厅，厅与阁、池与山、院墙与花木，形成了丰富的边界，加强了戏鹅池的内向空间。不系舟与暗香园之间，通过堆山叠石，形成不同的空间场域感。

微音阁石桥

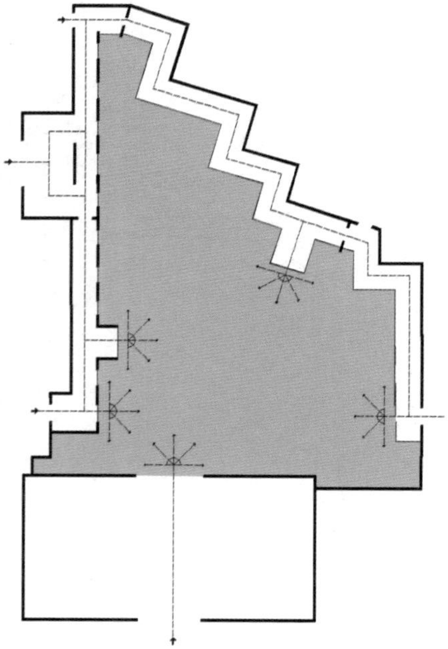

松鹤园空间处理

微音阁与夏荷

3-3 剖面 不系舟 - 暗香园

1-1 剖面 梅花厅 - 浮筠阁

松鹤园区域平面

梅花廊一角

唐经幢

2-2 剖面 微音阁 - 梅花厅

松鹤园区域空间分析

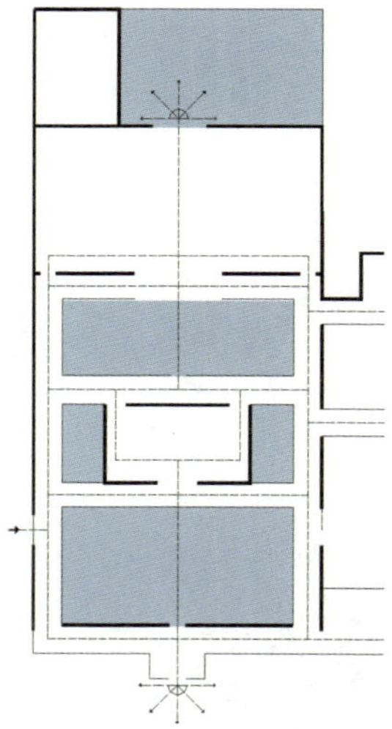

水木明瑟空间处理

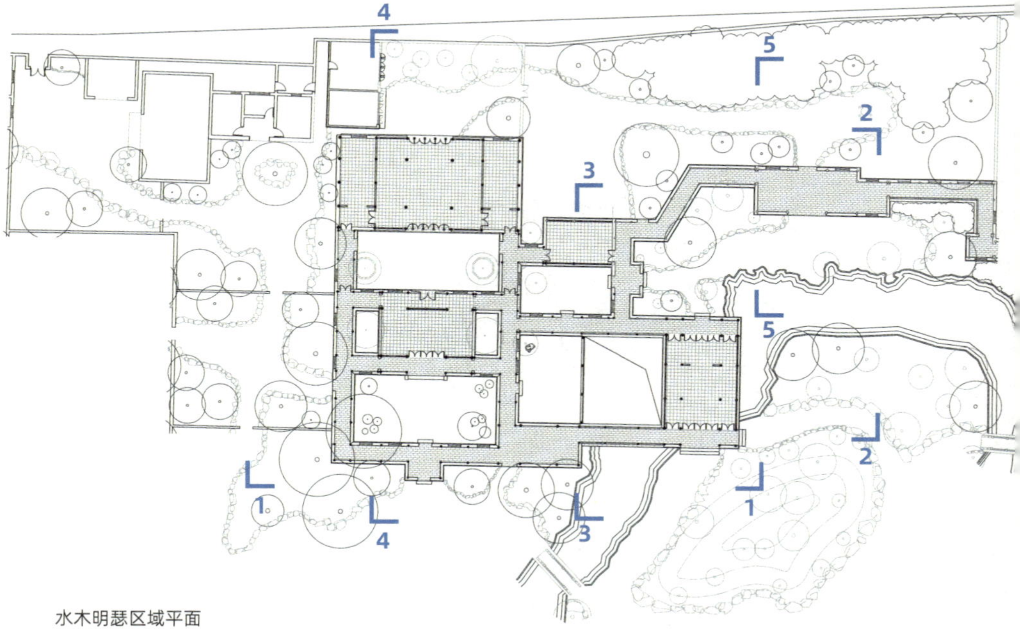

水木明瑟区域平面

水木明瑟区域

作为主要的居住空间，水木明瑟区域从“院”迈向了“园”，充分体现了“园”的概念：四边墙垣，其内有花木、建筑、山石、水景供人居住、观赏、游玩，以人工造景要素为主体，水庭与曲廊之间，光影交错，虚实相间；独辟于整个园子的北部，遥看南面的竹枝山，形成整个明清核心保护区的重要南北轴线。

水木明瑟以内院为中心，是典型的内向性空间布局形式。其通过廊、轩划分南北空间，加强层次性，同时从院落的内向空间过渡到园林的外向空间。

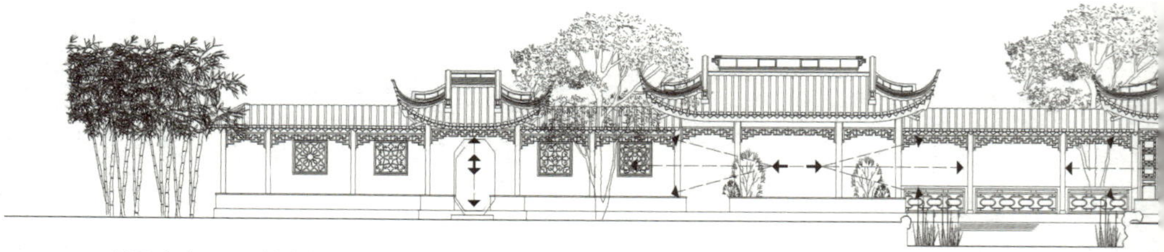

1-1 剖面 水木明瑟区域南立面

2-2 剖面 鸳鸯厅—柳带轩—内院

绘月廊内景

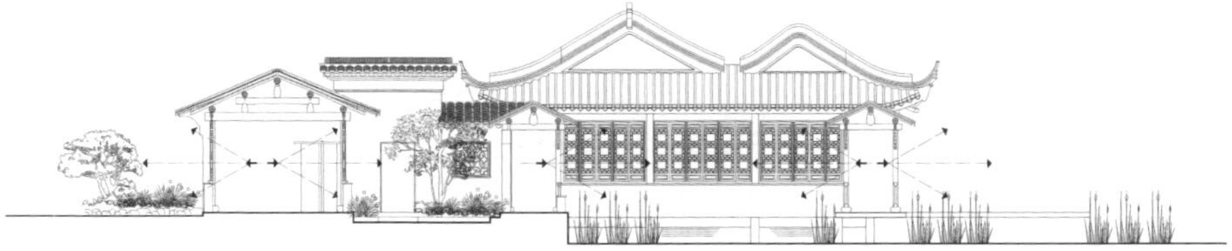

3-3 剖面 水庭内院

4-4 剖面 半风亭—春藻堂—道法讲堂内院

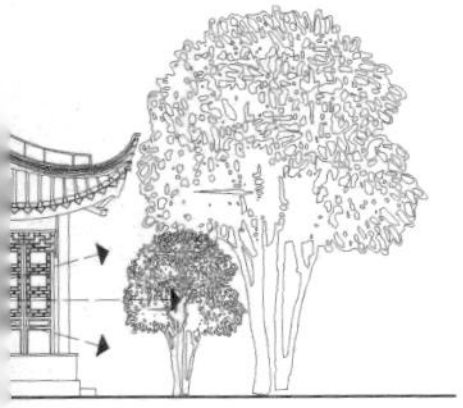

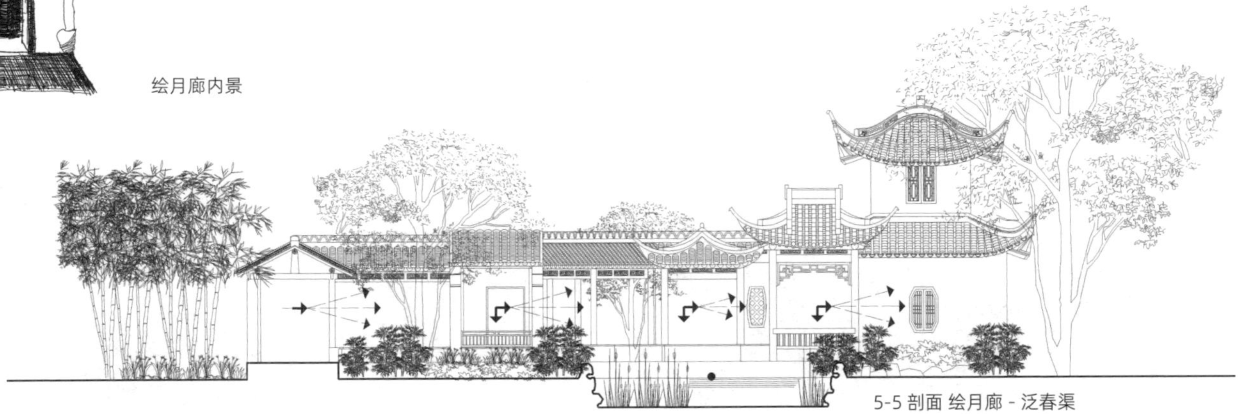

5-5 剖面 绘月廊 - 泛春渠

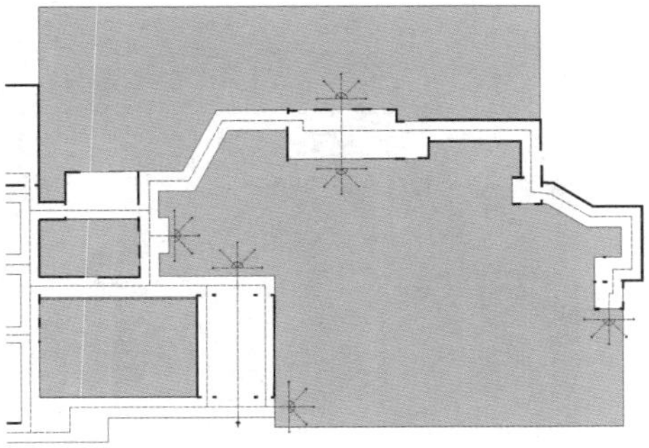

水木明瑟空间处理

水木明瑟区域空间分析

楹联诗词

猗园从立基兴造起，“瞻彼淇奥，绿竹猗猗”，反映了园主“君子积学修养，磨砺道德”的价值追求。历代园主、文人通过雅集、交往、游园活动等，创作了大量诗词歌赋。目前，已整理收集到明代 12 首、清代 80 首、现当代 27 首。

这些文学作品反映了园主淡泊名利的生活态度和精神面貌，诗人对园主高尚品格的赞赏、对猗园造园艺术的赞美（如辋川烟景），猗园独特景致（如林中小筑、白鹤、鸟鸣、蝉鸣、鹿、石幢、土阜、池塘、月色、夕阳、竹景、荷花、海棠、梨树、松树、杜鹃、垂柳、桂树、寒泉、游鱼、雪景、叠石等）以及对时光流逝的感慨（如花落、危桥、苔痕、古木等）。明末清初猗园更因为李宜之的缘故，进一步跻身于名园之列（马海英，2007）。

楹联匾额既概括了园林意境，又点明了历史典故，起到了画龙点睛的作用。古猗园的楹联匾额大部分为名人、名句、名字，如南门、北门的“古猗园”匾额为全国人大常委会原副委员长胡厥文书，逸野堂的“华岩墨海”由明代书法家董其昌题，“不系舟”由祝枝山题，“缺角亭”为当代名家胡问遂的墨宝，“不系舟”诗化了戏鹅池盛夏荷花的景观，“白鹤亭”让人联想到南翔镇的由来，“微音阁”体现了地方知识分子在黑暗中奋起的精神，“绘月廊”使人联想到皓月当空月光透过廊窗在墙壁上留下倩影的夜景。

不系舟与白鹤亭的楹联

花石小路

古猗园的路随建筑、植物、山石、湖泊、溪流的布局而曲折环绕，依地形起伏而自由变化，路面图饰因景而异，富有情趣并别具一格。古猗园的花石小路的纹饰地坪面积为江南古典园林之最，所用材料种类繁多，涉及黄石、青石、花岗岩、白石、缸片、白碗片、青砖、青瓦等10余种。

厅堂门前、亭廊建筑周围，多采用以黄石、青石、青砖、青瓦、缸片、碗片等铺成的动物、花卉植物等纹饰；一般道路的纹饰用黄石、青石、缸片等铺设，线条简洁明快；建筑周围形状规则的地方选择方形或六角形的几何图案；蜿蜒曲折、宽狭不一或呈多边形的地方，选用冰裂直线条图案，以适应路面曲折变化。

纹饰的主题丰富，一般与周边景观相配合，有动物、植物、暗八仙、吉祥如意等数十种，做工精美、画面生动、色彩淡雅、线条明快、寓意突出，如逸野堂周围地坪镶嵌的“暗八仙”、天书图案，喻示步入仙境，仿佛置身广寒宫；小云兜地坪铺设龙图，体现龙云相生的意境。

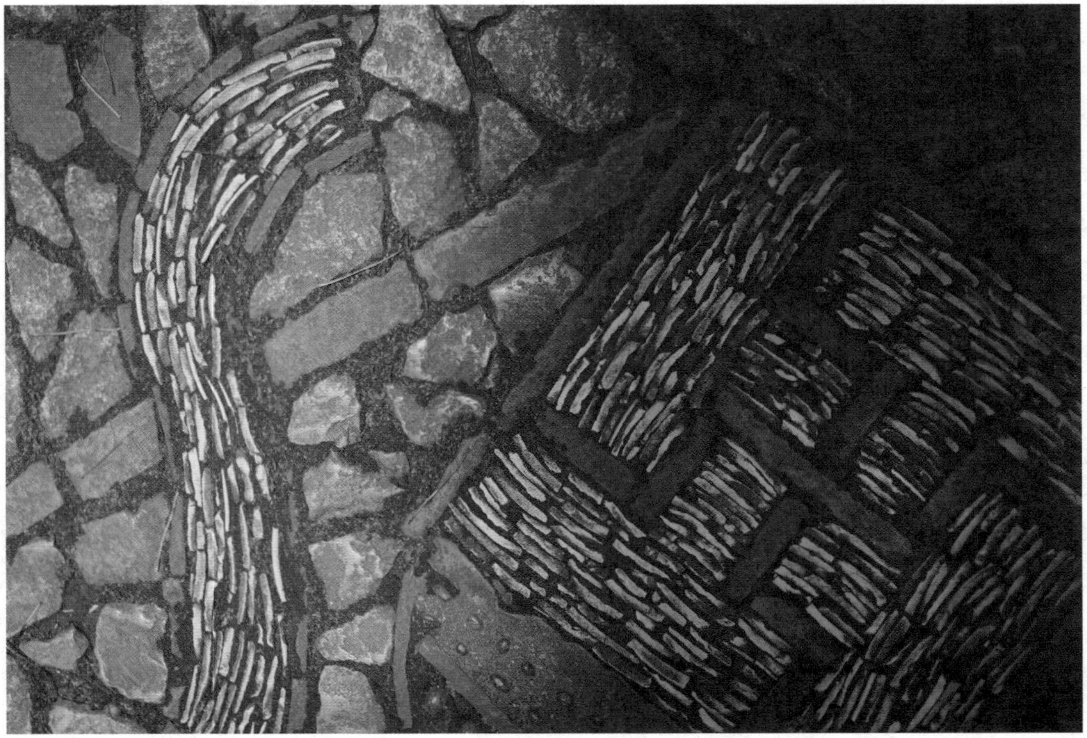

花石小路细节

古猗园秋色

4

逸野堂区域

逸野堂景区位于古猗园西北部，是猗园老区，以逸野堂为中心，北有曲廊、幽赏亭，南有鸢飞鱼跃轩、小松冈和南厅。逸野堂四周分别有五老峰、古盘槐、小云兜和桂花林，整个区域以明清古建筑为主，集厅、堂、廊、亭、山水于一体，流传有丰富的历史故事和神话传说，是江南古典园林的缩影，集中体现了园主人隐逸为高、寄情山水的思想情趣。

逸野堂区域点云模型透视图

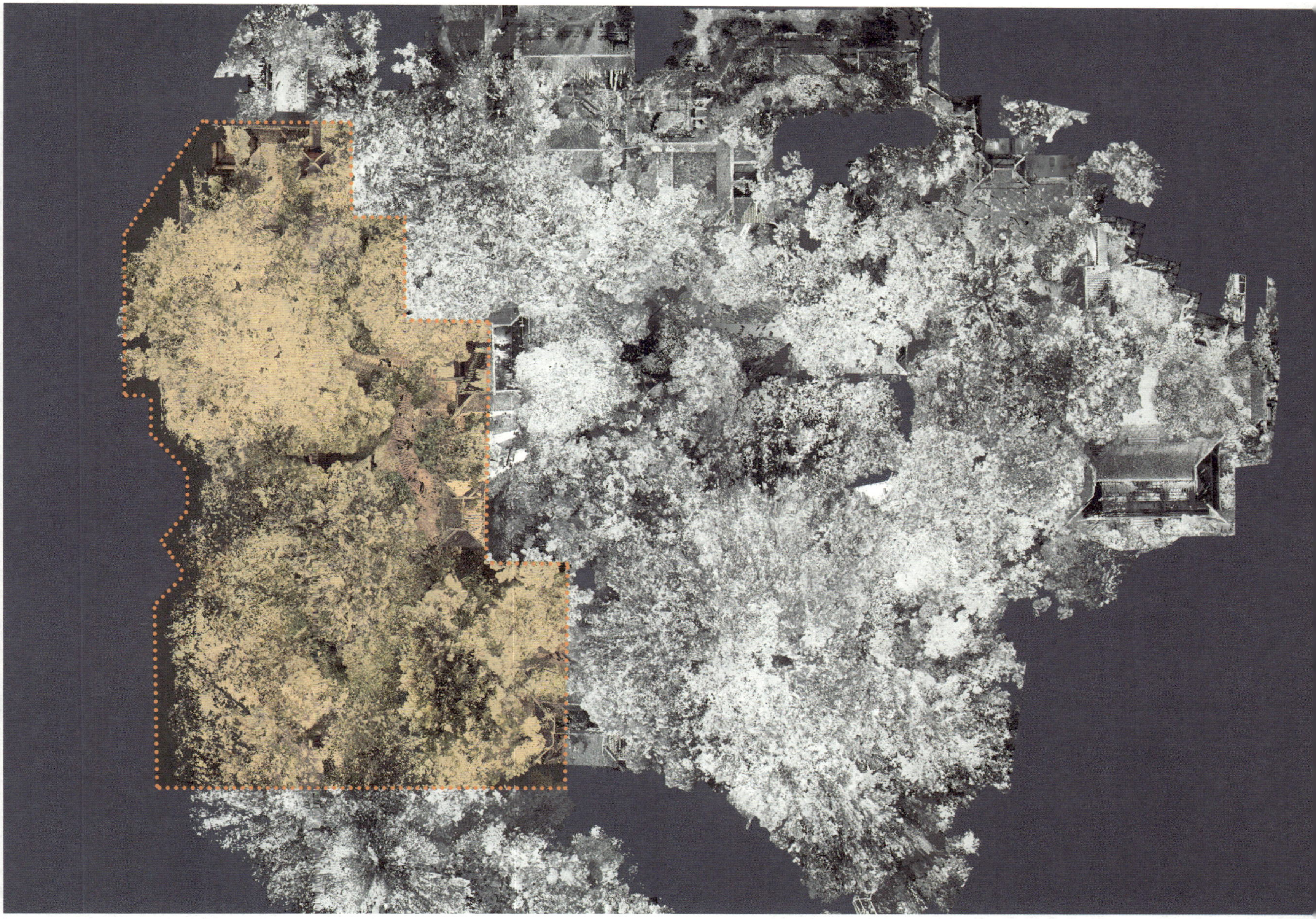

逸野堂区域点云正射影像图

逸野堂区域整体剖面

逸野堂

逸野堂始建于明万历中后期，是园主接待客人的厅堂，因为楠木结构，故名楠木厅、楠厅。清代叶锦购得猗园后，改建楠木厅，命名为逸野堂，意指追求平静安逸、自由自在的生活，又因其四面透景，亦称四面厅。

堂东西设长门 12 扇，四周分布 24 扇花格短窗，四周廊檐由 24 根廊柱支撑，设花格围栏；堂顶由 16 根大柱支撑，堂上是横梁雕花平顶，挂有宫灯 5 盏。

小青瓦结顶，镂空高脊，脊的两端两只龙头相对而视；屋檐四角高翘，山头檐边如花瓣相连；堂内摆有木雕九龙屏风和龙椅、茶几，堂匾系唐云所题；堂门外有台阶三级；阶前和环堂路用陶片、瓷片、石片、卵石、玻璃片、青砖铺就，采用冰裂式、梭子式、方格式的排列方式，砌出“碧玉如意”“无字天书”“八仙”等图案；堂前有两株古盘槐，其中右边一株树龄已有近 500 年历史，形状如伞，姿态优美。

逸野堂点云正射影像图

逸野堂整体剖面

逸野堂正门点云模型透视图

逸野堂后门点云模型透视图

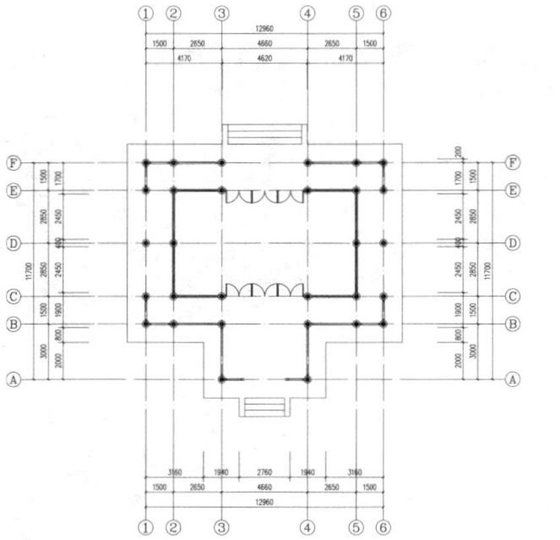

逸野堂一层平面

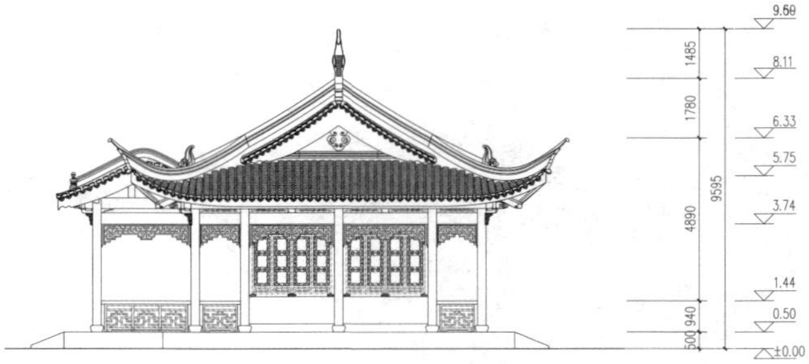

逸野堂南立面

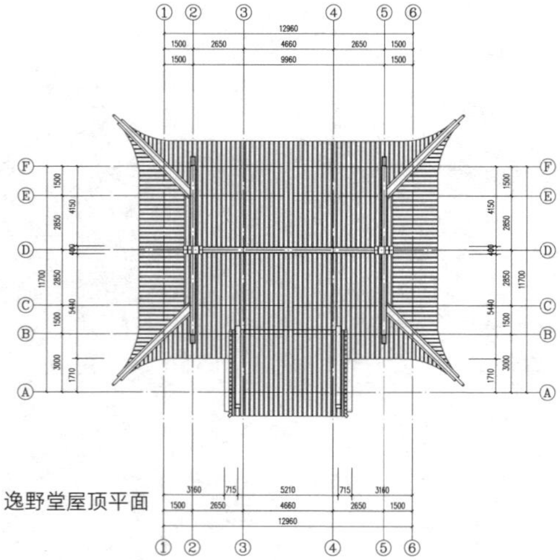

逸野堂屋顶平面

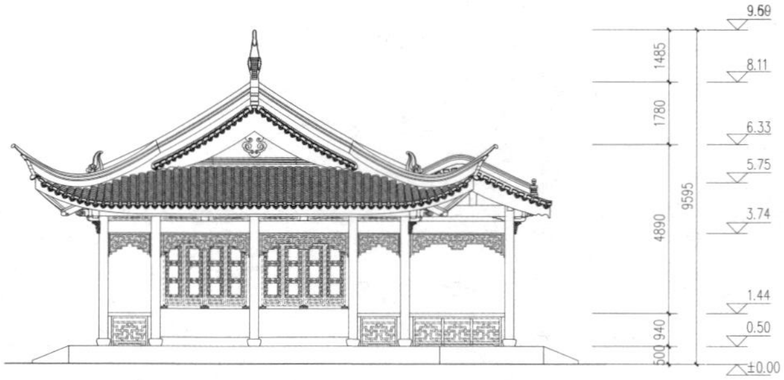

逸野堂北立面

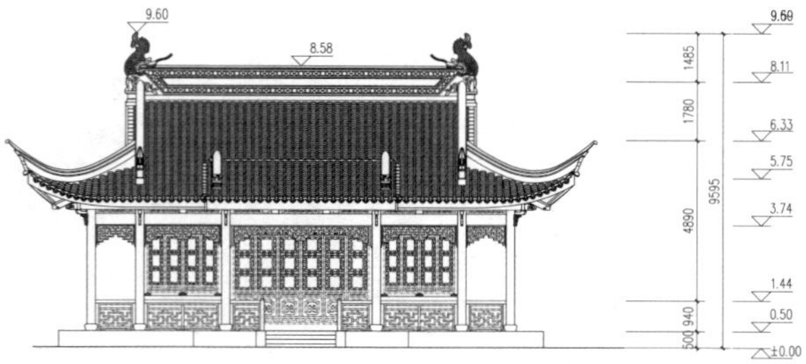

逸野堂东立面

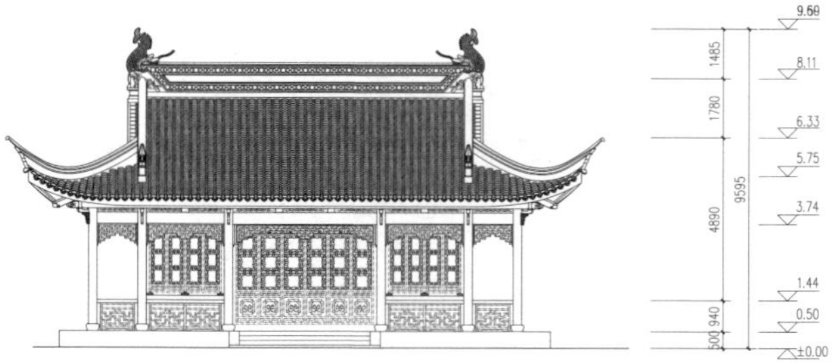

逸野堂西立面

逸野堂三维复原模型组图

逸野堂实景组图

北园门及采香廊

北园门始建于明代，2009 年重建。位于鸢飞鱼跃轩西对面，重建时与采香廊相接。门前有一空阔场地，为花岗岩地坪，规则方正，四周以绿竹作篱。

门为山居式，砖木结构，平脊翘角，小瓦结顶，小三楹，朱柱，朱门两扇，门内小院配置松竹梅和假山石。

匾额“猗园”为“嘉定四先生”之一娄坚所题；户对镌刻青翠竹叶，体现了园主对竹的酷爱和虚心有节、清高拔俗的个性。

猗园正门北墙有“太平有象”砖雕，大象背驮观音瓶、周围祥云环绕的构图，寓意“时事安宁和平，农桑连年丰收”。

南墙有“五福捧寿”砖雕，代表“长寿、富贵、好德、康宁、善终”的五只蝙蝠口衔桃子和铜钱，围绕“寿”字翩翩起舞，寓意“多福多寿”。

门外北侧景墙有题为“澹游”的门洞，意指环境优雅宁静、富有恬淡安然的意趣。

北园门及采香廊整体立面

北园门及采香廊点云模型透视图

采香廊门头点云模型透视图

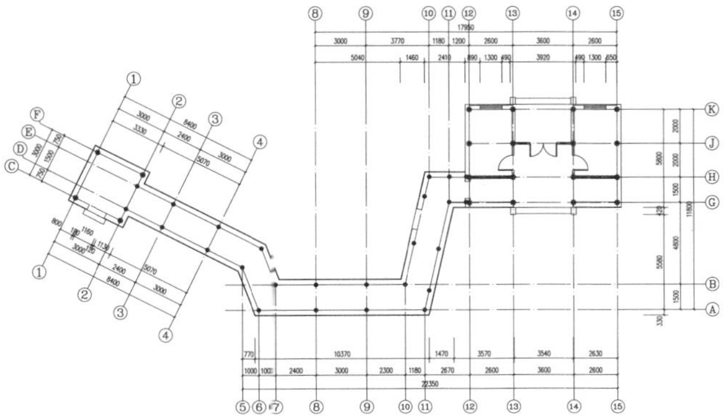

北园门及连廊一层平面

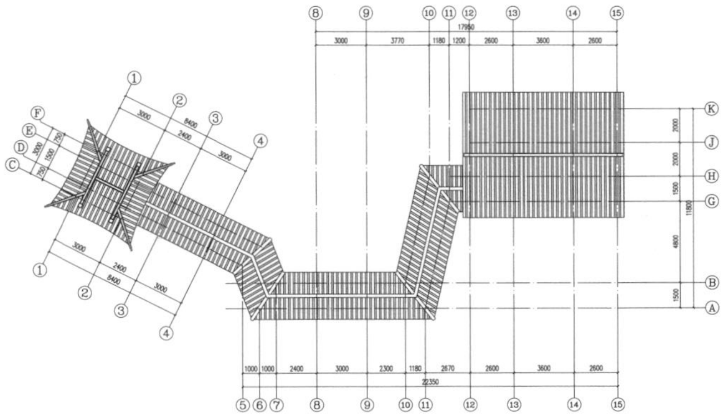

北园门及连廊屋顶平面

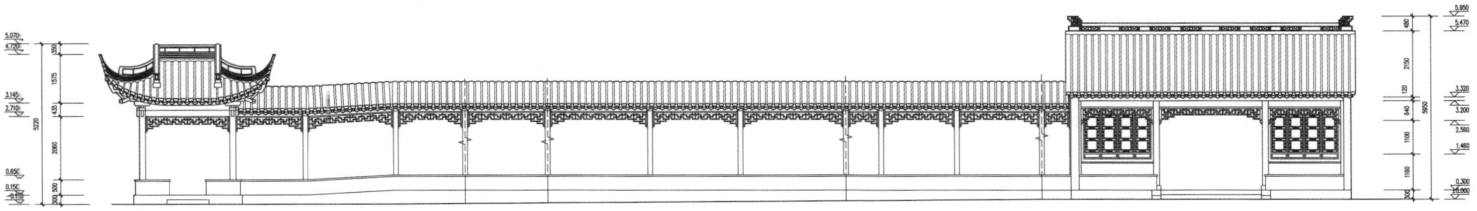

北园门及连廊西立面展开

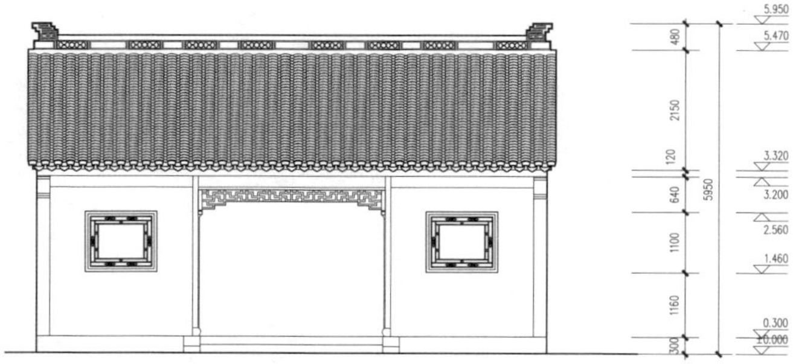

北园门北立面

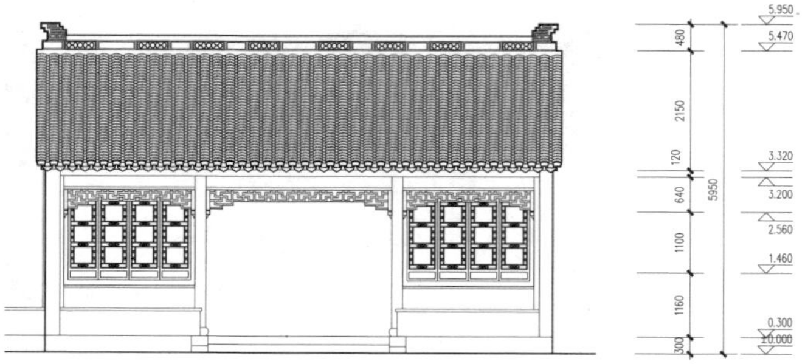

北园门南立面

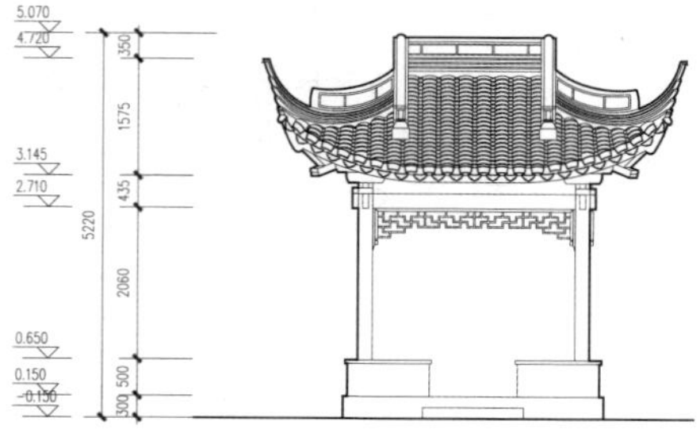

采音亭西立面

北园门全貌实景图

北园门北墙“太平有象”砖雕

北园门南墙“五福捧寿”砖雕

采香廊全貌实景组图

幽赏亭

幽赏亭位于逸野堂正门相对的假山顶上，亭与堂成对景。

亭为砖木结构，高 4 m，六角翘檐，檐上挂落，小瓦结顶，顶端塑有“万年青”图案，面积 6.5 m^2。顺假山旁小路拾级登亭，依亭内俯望，可一览逸野堂之势。

亭底有山洞，游人可穿山而过。

幽赏亭点云正射影像图

幽赏亭整体剖面

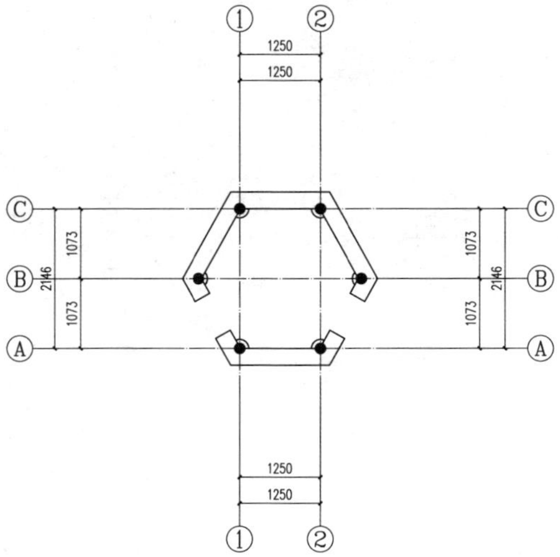

幽赏亭一层平面

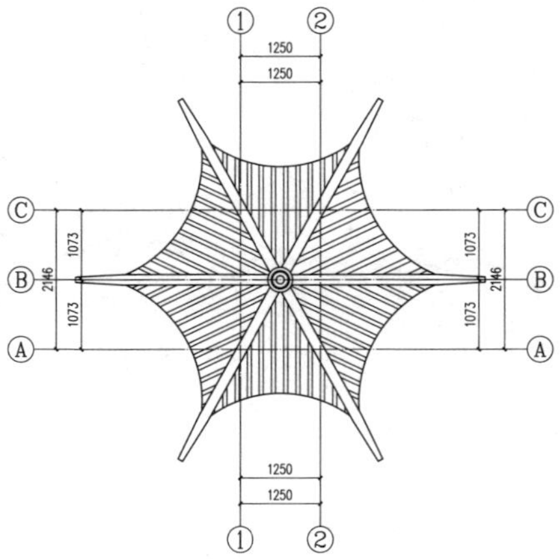

幽赏亭屋顶平面

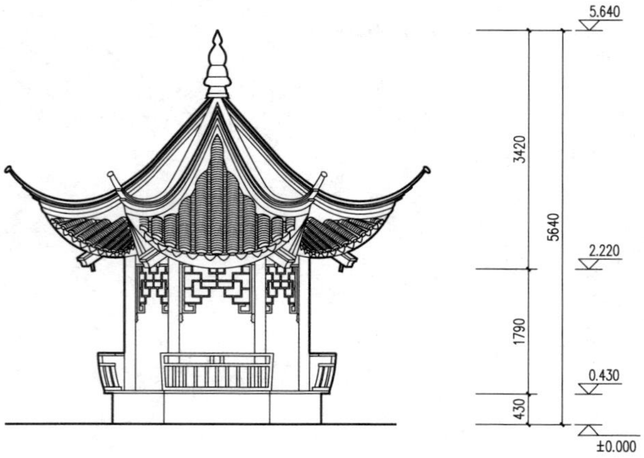

幽赏亭北立面

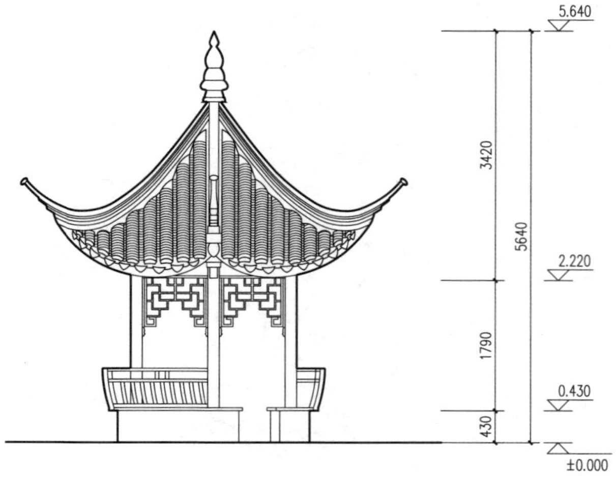

幽赏亭西立面

北大门与孕清亭复廊

北大门，建造于 1958 年，门向西北，1983 年将门庭改为西向开门，地坪改为青砖。入门有天井，沿障墙置松石小景观，天井南连接孕清亭复廊，复廊周边植桂花、牡丹、修竹等，体现了曲折变化、精致典雅的特点。

孕清亭复廊，始著录于清代沈元禄《古猗园记》，1983 年重建。孕清亭的藻井塑有仙鹤衔果图，寓意“长寿多福”。藻井的暗八仙图案与阶下花石小路的八卦图相对应，表达了“乐生贵生、祈福禳灾”的愿望。复廊为东西转折南北的走向，廊墙配有“暗八仙”漏窗。沿廊右转通往幽赏亭、猗园正门，拾阶而下穿过右门洞，便是接待宾客的逸野堂。

北大门与孕清亭复廊点云正射影像图

北大门与孕清亭复廊点云模型透视图

北大门与孕清亭复廊整体剖面

北大门与孕清亭复廊整体剖面

北大门与孕清亭复廊整体剖面

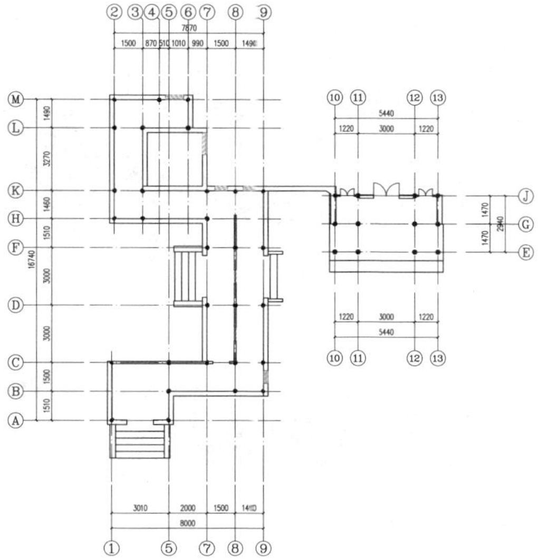

北大门与孕清亭复廊一层平面

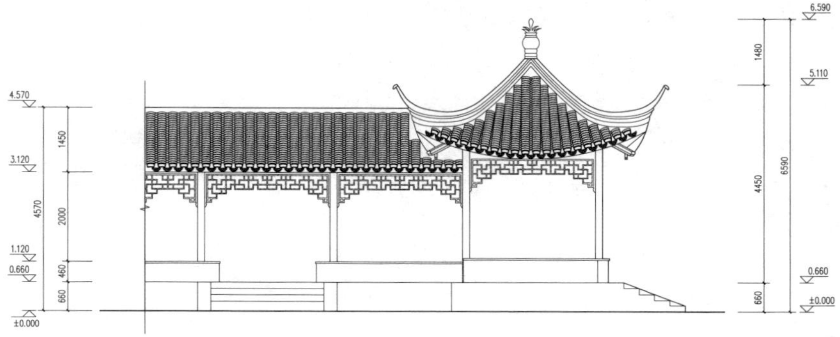

北大门与孕清亭复廊复廊西立面

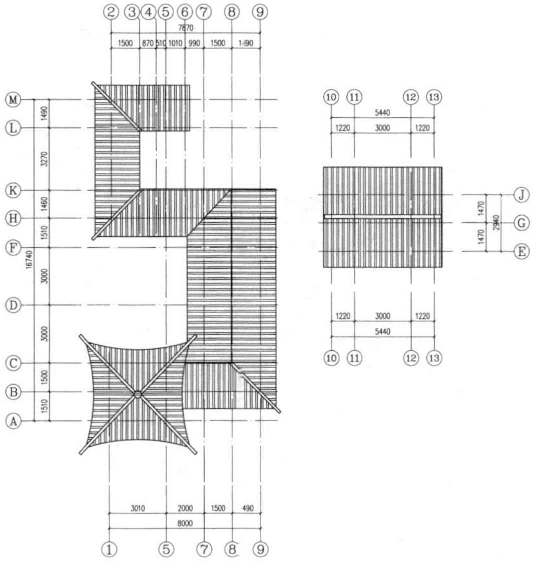

北大门与孕清亭复廊屋顶平面

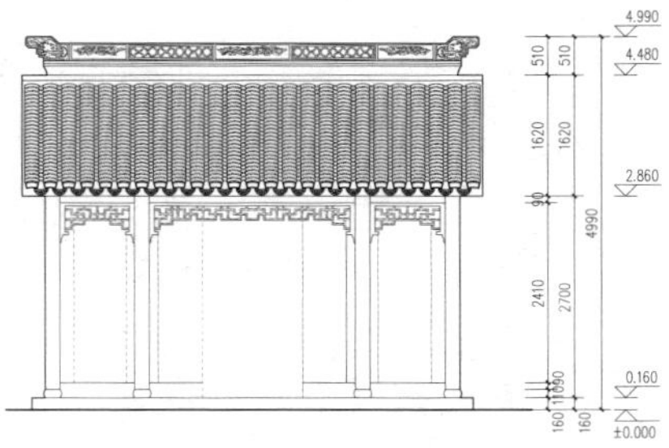

北大门北立面

鸢飞鱼跃轩实景图

鸢飞鱼跃轩

鸢飞鱼跃轩位于逸野堂南侧，初建于明代，原为下临曲沼的茅舍。

据清沈元禄《古猗园记》，“鸢飞鱼跃之轩，晦翁夫子所手书也”。轩三楹，坐东西向，设吴王靠，抬头可视空中飞鹂，低头可见水中游鱼，东眺罄折桥和小松冈；圆形轩门，洞门两边设半圆台，墙设圆形花式漏窗。

“八一三”抗战中，鸢飞鱼跃轩被日机炸毁。1957年原址修复，时为茅草竹木结构；1973 年翻建为砖木结构，面积 52m^2；2009 年设彩凤祥云藻井，地坪改成方砖。

鸢飞鱼跃轩点云正射影像图

鸢飞鱼跃轩点云模型透视图

鸢飞鱼跃轩立面

鸢飞鱼跃轩立面

鸢飞鱼跃轩立面

鸢飞鱼跃轩立面

鸢飞鱼跃轩立面

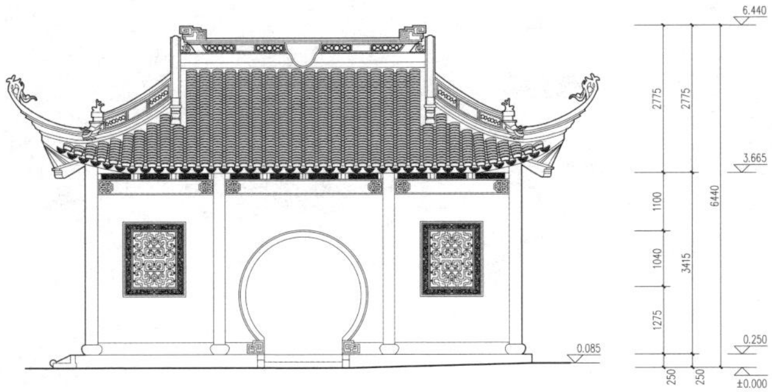

鸢飞鱼跃轩南立面

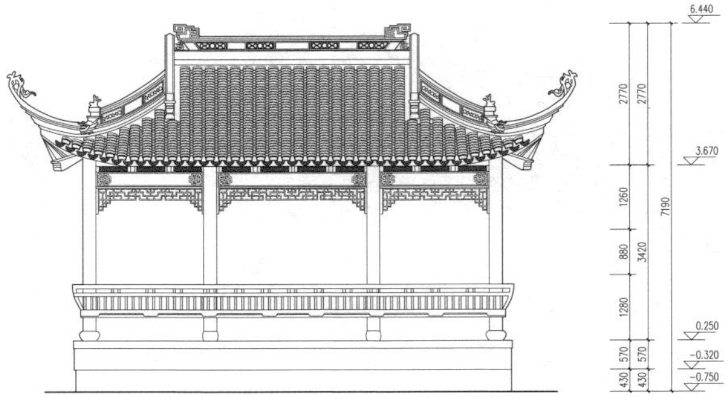

鸢飞鱼跃轩北立面

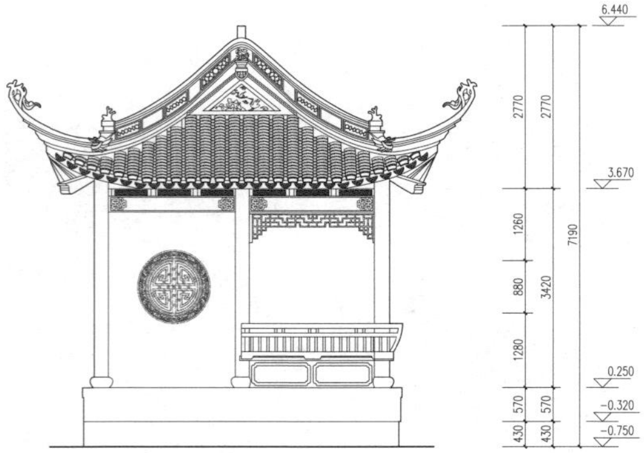

鸢飞鱼跃轩东立面

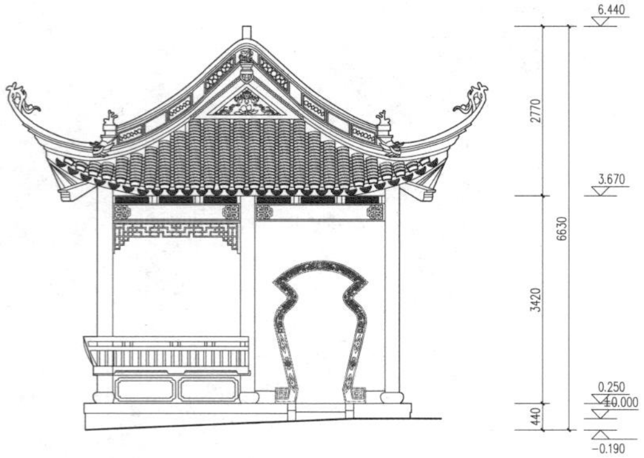

鸢飞鱼跃轩西立面

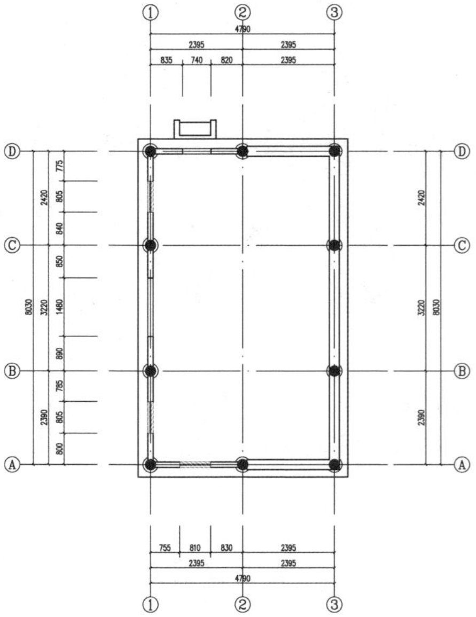

鸢飞鱼跃轩一层平面

鸾飞鱼跃轩三维复原模型组图

小松岗实景图

小松岗

小松岗始录于沈元禄《古猗园记》，紧靠戏鹅池和竹枝山，为黄石垒建的半岛，三面环水，东临戏鹅池，南接初建于明代的馨折桥，西对鸢飞鱼跃轩，北连白鹤亭。清咸丰三年（1853）小刀会在南翔活动，小松岗是秘密联络点，竹枝山东坡为转运、埋藏枪支弹药的地点。

南苑正门实景图

南苑

南苑原名仿佛堂，由明代猗园竹圃建筑演变而来，明代园主李宜之称其为“新斋”。

南苑位于鸢飞鱼跃轩南，面向逸野堂，厅后临河，厅为砖石结构，小瓦结顶，四角高翘。室内三楹前后分隔六间，均用长窗隔扇，厅外绕龙脊围墙形成一个小庭院，西北角有雕花门楼，院门北向；院内种植玉兰、桂花、树丛和修竹，增添了素雅幽静的气氛。院外矗立一座唐乾符二年（875）的经幢；厅四周有围墙，独立成院，名“南苑”；苑墙原设龙脊、漏窗，门庭与厅门直线排列。

清代嘉庆《南翔镇志》记载：“申西之际乡兵构乱，三子被歼，时宜之客金陵，及归，已无家矣。”南厅因此亦称“难厅”，为明末南翔东乡奴仆开展索契斗争的地方。1932年在“一·二八”事变中被日寇摧毁。1933 年，陈少芸主持、惜阴公会朱苏吾等捐资在原址复建，木石陶瓦，黝垩丹漆，室内悬额“惜阴”，意指“爱惜光阴，作一番大事业也。屋以园而不朽，园以屋而寿世……”1937 年“八一三”事变再次被毁，1946 年地方人士集资整修，1958 年、1974 年大修。1990—1992 年翻修成混砖结构，龙墙改成平墙，墙体嵌“奴仆起义”仿砖雕，大门西移 6 m，正厅铺设仿砖地坪，天井设荷池，植石笋红枫、修竹与松树，显现四季景象。2004 年，厢房、过道更换成红木地板。2007 年 8 月，南墙翻建镂窗，塑植物样式。

南苑点云正射影像图

南苑点云模型透视图

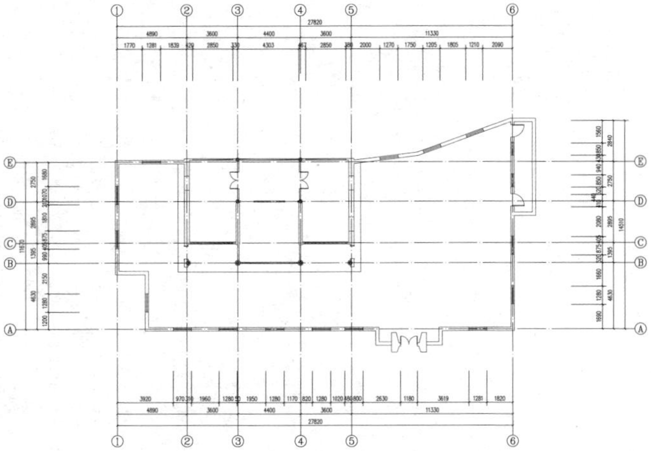

南苑一层平面

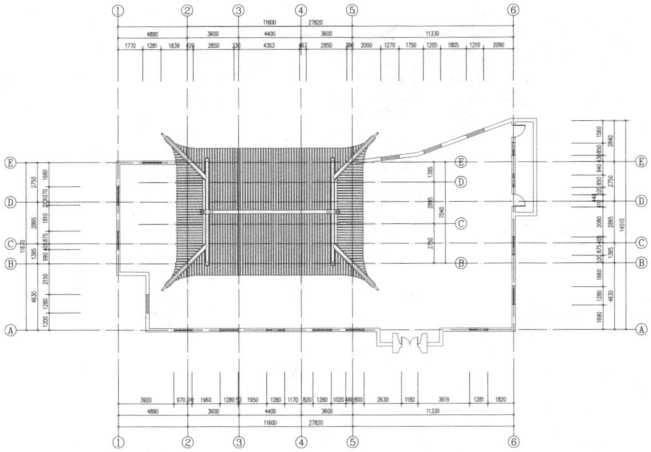

南苑屋顶平面

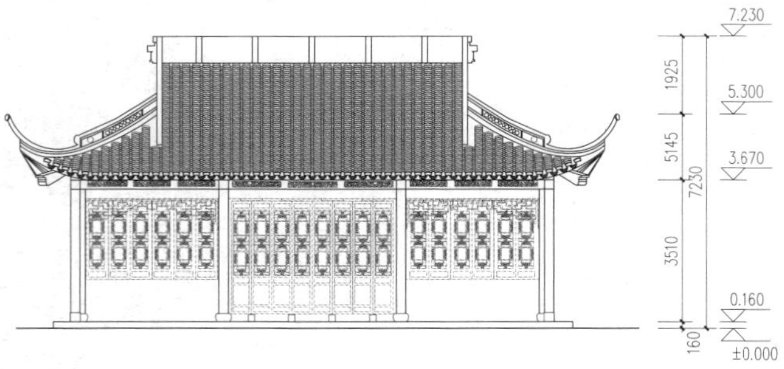

南厅北立面

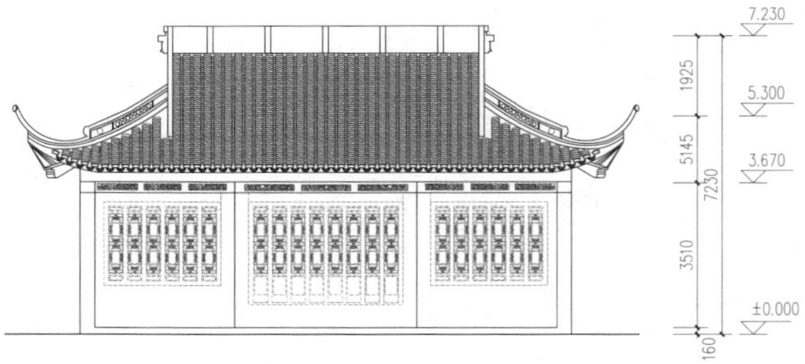

南厅南立面

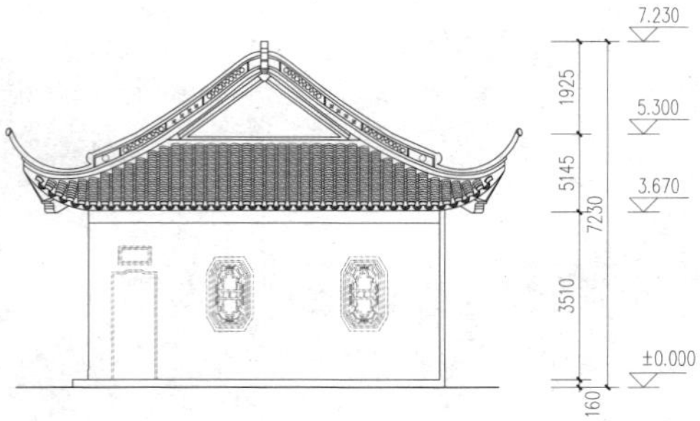

南厅西立面

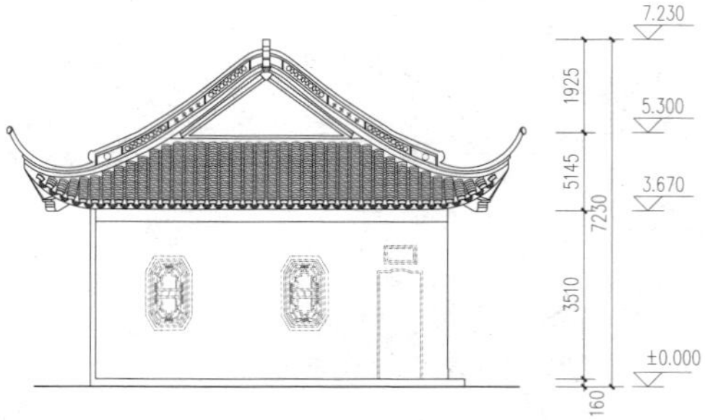

南厅东立面

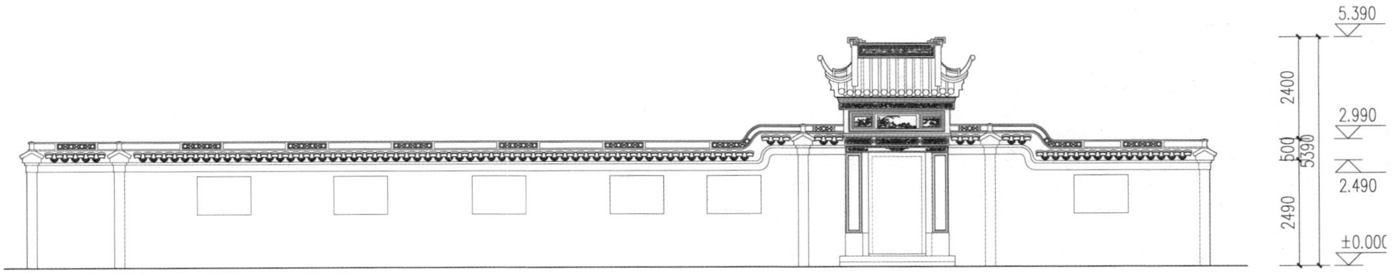

南苑北围墙立面

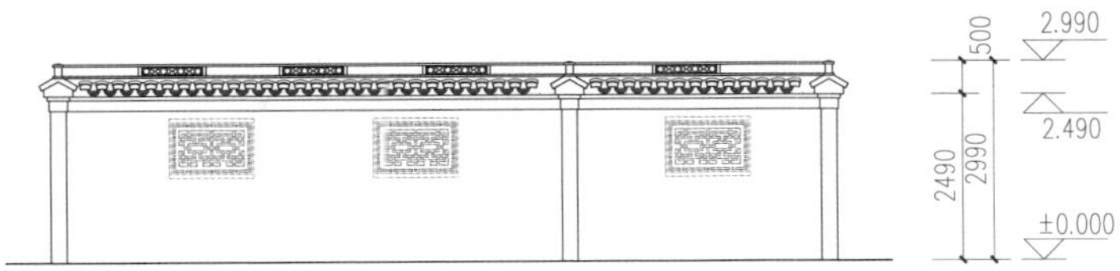

南苑东围墙立面

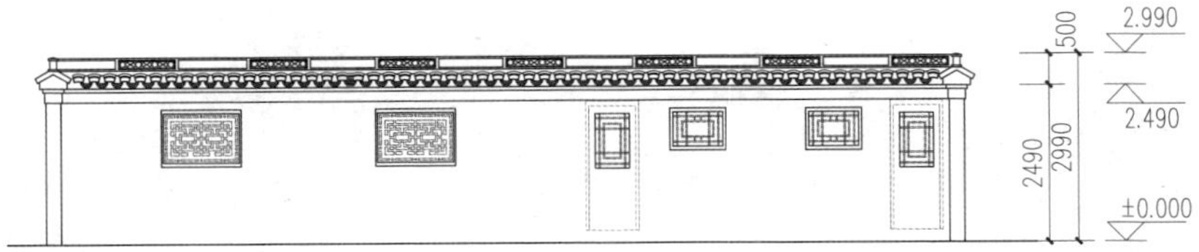

南苑西围墙立面

南苑正门唐经幢

唐经幢

唐经幢原位于云翔寺大雄宝殿前，为云翔寺八景之一。清咸丰六年（1856）毁于兵火，断成数截，1959 年市文管委批准移至古猗园。位于微音阁前的经幢建于唐咸通八年（867），高 10 m，仰莲基座，八角七级幢柱，飞檐幢顶。华盖下坐浮雕菩萨，节下有四大天王护法，幢柱顶部罗汉融汉代造像手法，柱身镌刻尊胜陀罗尼经。各节束腰为莲花瓣造型，造型庄重生动，形象饱满优美，为晚唐工艺。位于南厅前的经幢建于唐乾符二年（875），1968 年受雷击整体损失约三分之一，残高 7 米余。清代金石学家孙星衍《寰宇访碑录》记载，建幢主为莫少卿。

五老峰

五老峰，为清乾隆年间叶锦所置。位于逸野堂北侧，由五块形态各异的太湖石和石琴台组成，此处流传着龙仙、鹤仙、鹿仙、鸾仙、鹅仙五老操琴吟唱的传说。

五老峰

古盘槐

古盘槐，位于逸野堂前北侧，为明代园主所植，顶如伞盖，树皮如鳞，枝条盘曲，形象古拙，为上海最古老的盘槐。盘槐原为成对种植，南侧一株在“八一三”抗战时被日寇飞机炸掉，为与北侧古盘槐成对 1957 年移植百年盘槐。

逸野堂前古盘槐

小云兜

小云兜位于逸野堂南侧。由明代竹刻家朱三松督造，清代叶锦拓修为兜云洞，因犹如晨雾中的淡灰云朵而得名。山顶有平台可观景，山内有洞可穿行，后部植松，与之成景。

小云兜有“青龙化树”“龙云化石”的神话传说。

小云兜实景

戏鹅池冬景

5

戏鹅池区域

戏鹅池区域位于核心保护区中部，始建于明代借园之时，池形如鹅，池得名于王羲之放养白鹅之典故。池东有浮玉桥、梅花厅，南有竹枝山和浮筠阁，西有白鹤亭、小松冈、罄折桥，北有不系舟、鸳鸯厅。舟阁相对、山水相依，地势高低起伏，景观错落有致。

戏鹅池区域点云模型透视图

戏鹅池区域点云正射影像图

戏鹅池区域整体剖面

戏鹅池区域整体剖面

浮筠阁实景

浮筠阁

浮筠阁位于戏鹅池以南，竹枝山以北；半处池中，实为水榭。

始建于明代，沈元禄《古猗园记》载：顶、柱、廊、椅、窗皆以竹为材，俗称“竹节亭”。临阁可赏白鹅戏水，有“蛙声经雨壮，萤点避风稀”的意境。

阁北靠岸一面是一堵白粉墙，中间为月洞门，两旁漏窗上为竹形的花格；阁内六柱支撑，三面外设栏杆，内为扶王靠，在栏杆与扶王靠之间为外通道。屋面为筒瓦歇山顶，屋脊与垂脊相连，四角上翘，垂脊下端以花篮结尾。

1932 年遭日寇损毁，1933 年修复；1958 年重建为竹结构，1977 年翻建为砖木水泥结构；2005 年重建屋脊。

浮筠阁点云正射影像图

浮筠阁整体剖面

浮筠阁点云模型透视图

浮筠阁立面

浮筠阁立面

浮筠阁立面

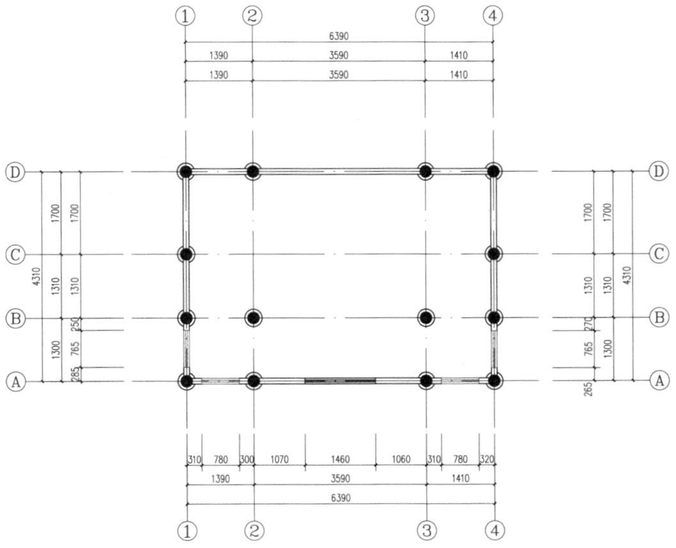

浮筠阁一层平面

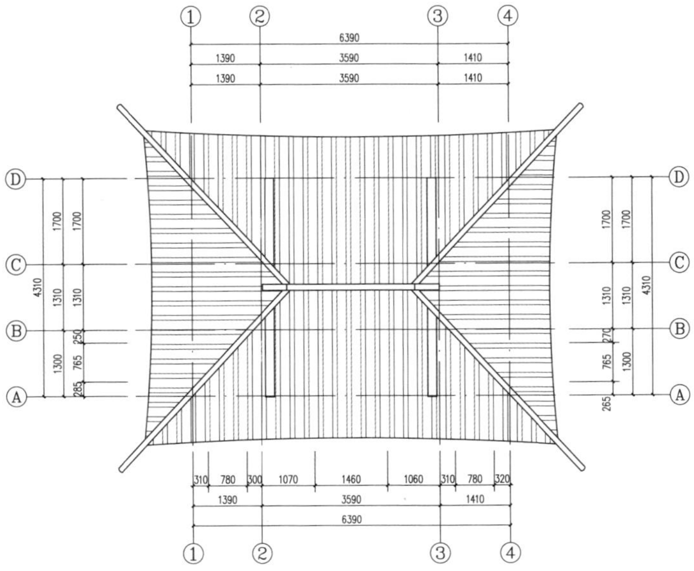

浮筠阁屋顶平面

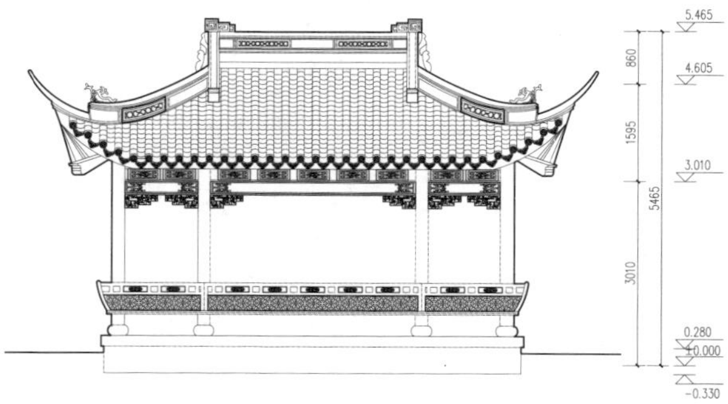

浮筠阁北立面

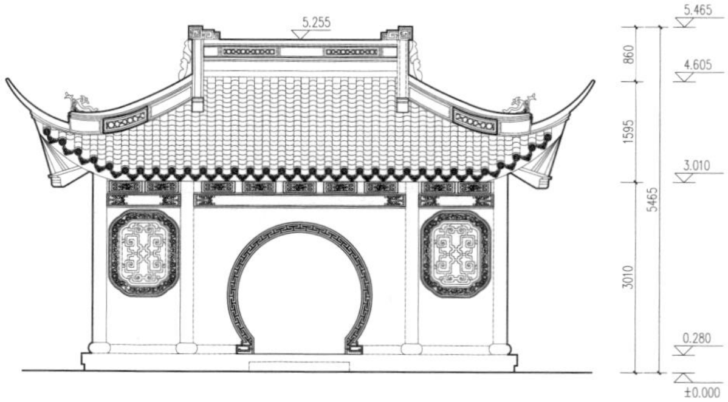

浮筠阁南立面

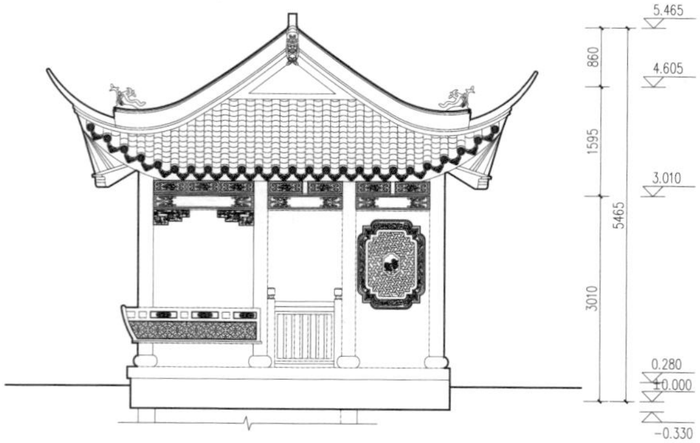

浮筠阁西立面

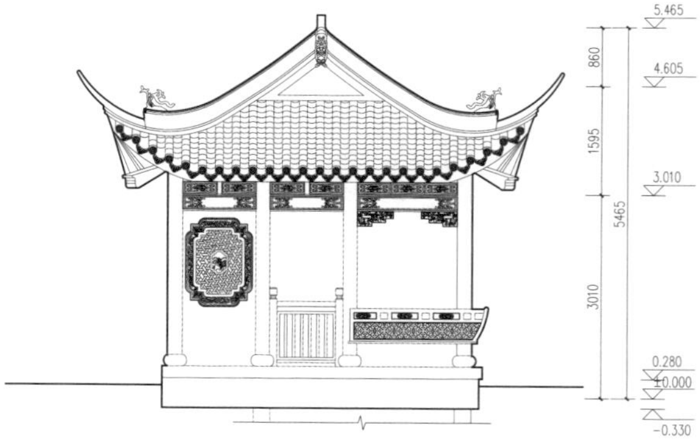

浮筠阁东立面

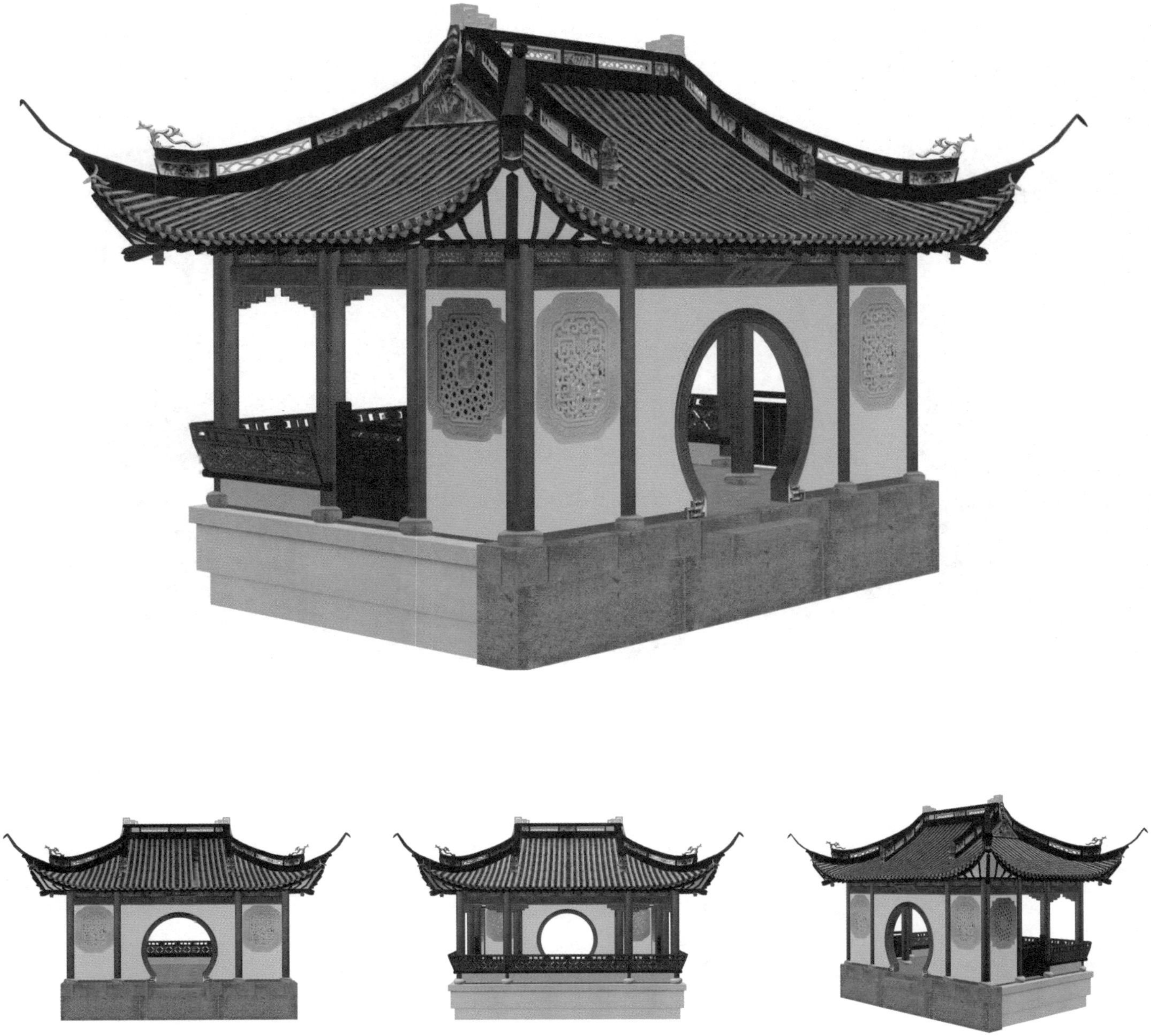

浮筠阁三维复原模型组图

竹枝山

清代沈元禄的《古猗园记》记载："据一园之形胜者，莫如山"。这里的"山"即竹枝山，是古猗园"竹山青青，翠竹猗猗"意境的最佳体现。山顶有一方亭，为 1931 年"九一八事变"后，当地爱国志士以志国耻而集资修建。

竹枝山实景

不系舟

不系舟，又名书画舫，俗称石舫，始建于明嘉靖初期，位于戏鹅池北岸，三面临水，面积 75 m^2。舟名出自白居易《适意》：“岂无平生志，拘牵不自由。一朝归渭上，泛如不系舟”。舟建成后，“吴中四才子”的祝枝山题“不系舟”额。

不系舟由楼、廊、亭、阁组合，舟头有锚凳、舱门、漏窗，两舷设上下花窗，后舱建隔门，左右进出，舟尾设梯用于上下阁楼。舟廊宽敞，凭栏可赏戏鹅池全景。船头挂宋日昌题“不系舟”匾。门对“十分春水双檐影，百叶莲花七里香”由清代进士廖寿丰撰书。

不系舟历史久远，屡经修缮，1937 年毁于战火，仅剩石质基座，分别于 1946 年、1959 年再次修建；1974 年地坪改成磨光石子，嵌有“六畜兴旺”图案；1997 年翻建；2011 年地坪改造为方砖。

“止舫观鱼”曾为“南翔八景”之一。

不系舟点云正射影像图

不系舟点云模型透视图

不系舟剖面

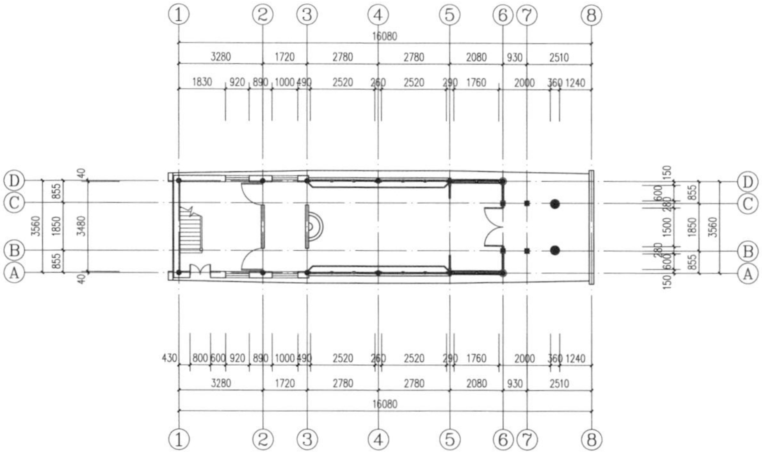

不系舟一层平面

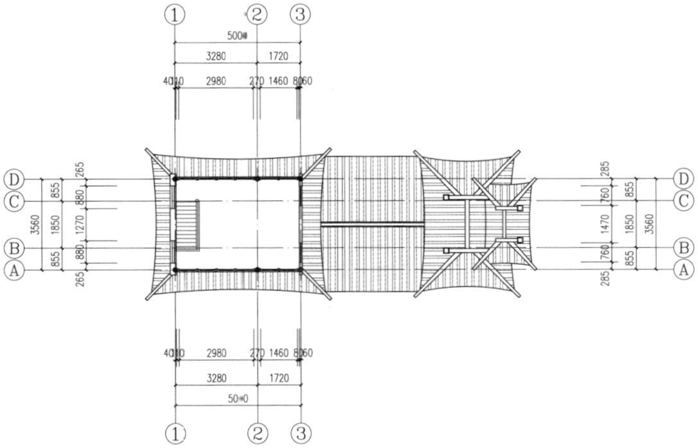

不系舟二层平面

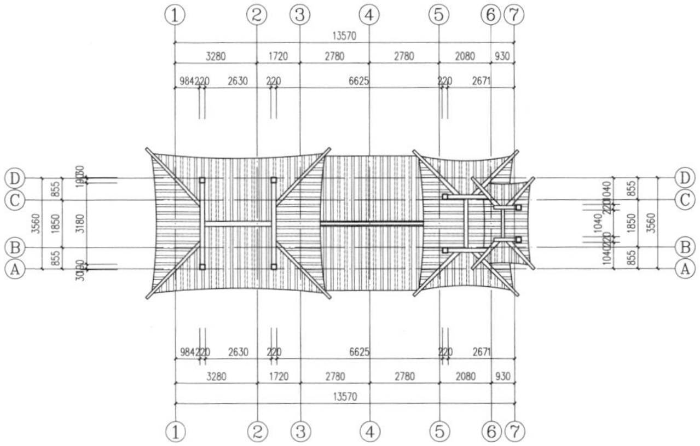

不系舟屋顶平面

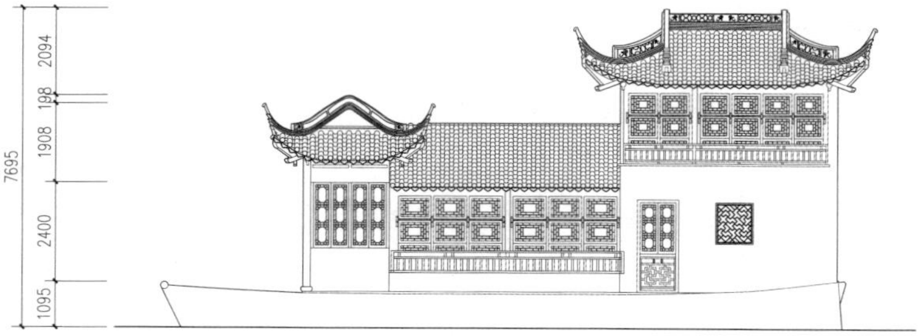

不系舟北立面

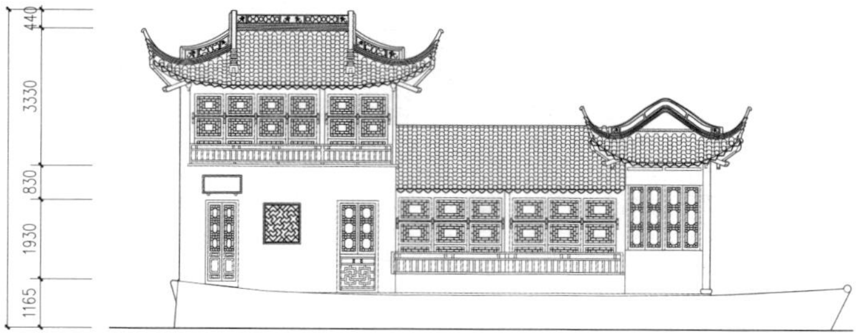

不系舟南立面

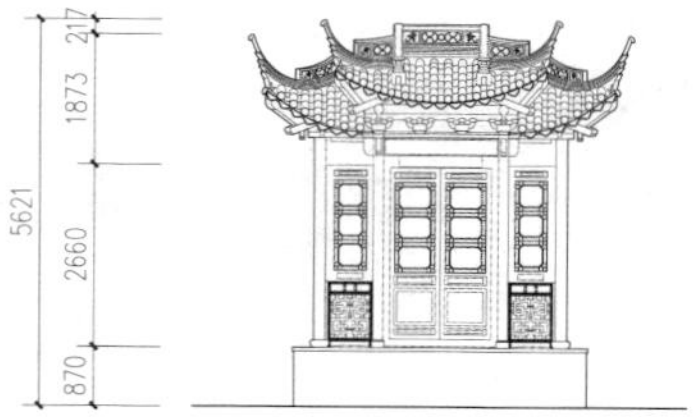

不系舟东立面

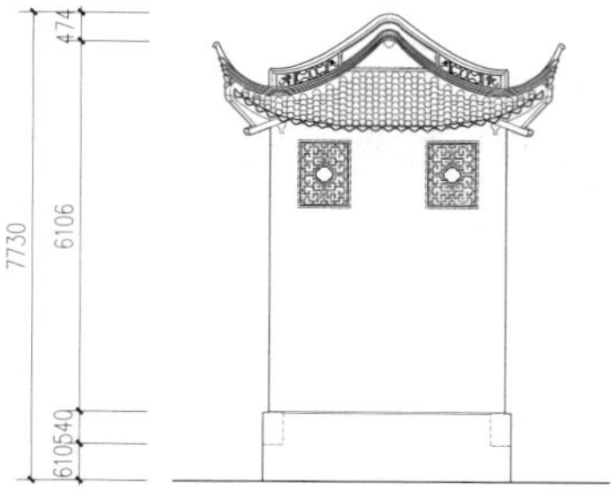

不系舟西立面

不系舟三维复原模型组图

不系舟实景图

上图：不系舟泛舟于荷塘

左下：不系舟内厅

右下：不系舟与扶筠阁

白鹤亭

白鹤亭位于戏鹅池西岸，记载于清代沈元禄《古猗园记》，原名“梅花亭”，梅花状基座，梅瓶门洞、梅花窗饰，亭顶立鹤，五角飞檐塑梅枝，寓意“梅妻鹤子”，毁于抗战时期，仅剩基座。1946 年方剑阁捐建，改名白鹤亭。1974 年翻建，面积 9.5 m^2，高 9 m，五角飞檐塑如意飘带，亭顶塑五角宝石花篮，上立白鹤向南昂首、展翅欲飞，与亭边“白鹤南翔去不归，唯留真迹在名基。可怜后代空王子，不绝薰修享二时”的诗碑对应成景。2009 年屋面改为筒瓦，地坪改为方砖。

亭边水中立石碑，碑高 2.7 m、宽 0.95 m，上刻前述的白鹤南翔诗。

白鹤亭点云正射影像图

白鹤亭点云模型透视图

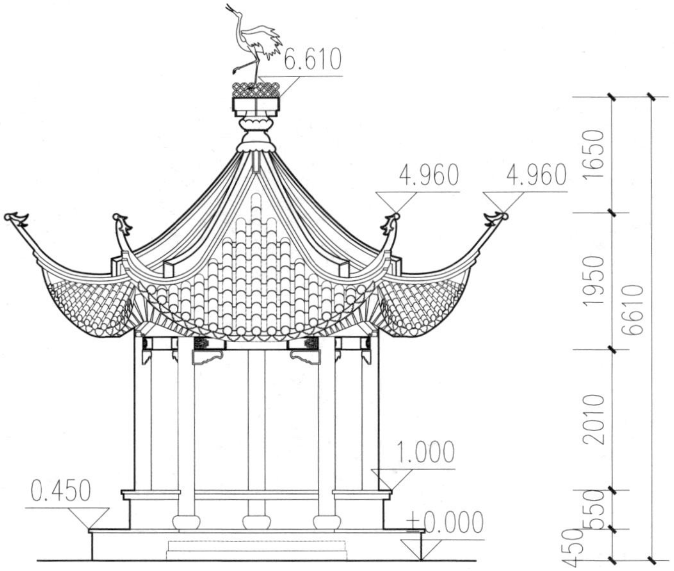

白鹤亭立面

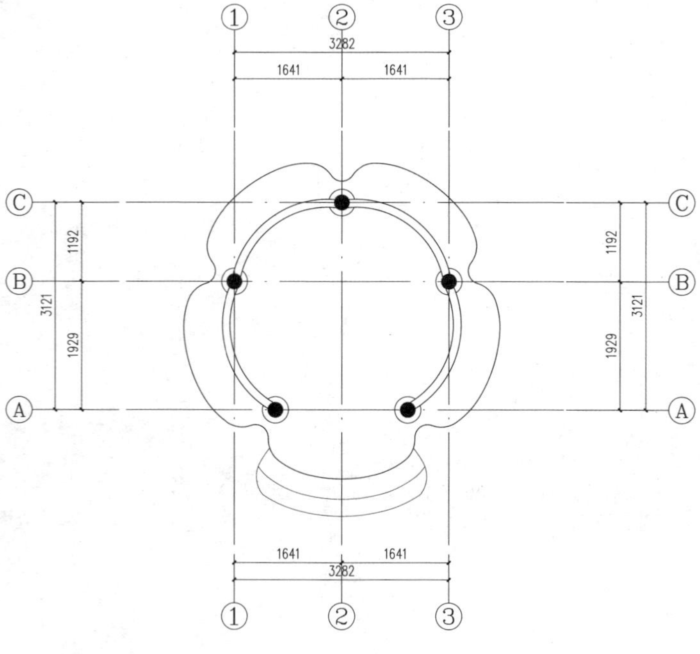

白鹤亭一层平面

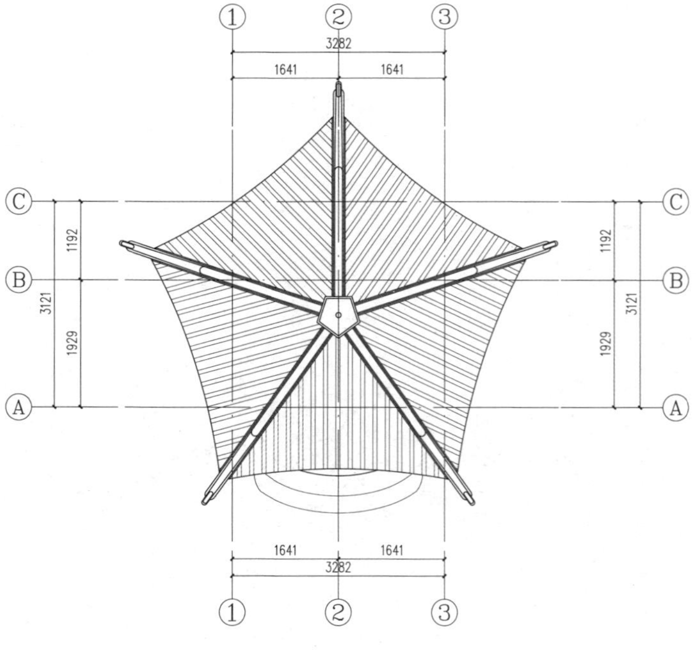

白鹤亭屋顶平面

白鹤亭实景

缺角亭实景

缺角亭

缺角亭位于竹枝山顶，又名补阙亭。1931 年“九一八”事变后，日寇侵占东三省。1933 年 4 月，朱寿朋、陈少芸、王荃士等发起集资修复古猗园。陈少芸捐建方亭，初名“近勇”，戴苍岩题额，意谓“知耻近乎勇”。亭缺东北角，象征东北三省沦陷，以志国耻，故名“缺阙亭”，后改名“补阙亭”，李烈钧题额。1946 年陈少芸出资修饰，改名“前鉴亭”。1949 年后曾称“人民亭”，1958 年重修。1976 年重建的缺角亭为砖木结构，高 5 m，面积 40.9 m^2。亭为方形，筒瓦攒尖顶，上塑火炬，其东南、西南、西北三角塑有紧握的铁拳，唯东北角无拳。亭内上方塑有九条龙，四周有坐凳，亭基为一方形混凝土平台，台周围设花色栏杆，匾额“缺角亭”为书法家胡问遂题，1993 年翻建。

“补阙明志”为南翔八景之一。

缺角亭整体剖面

缺角亭点云模型透视图

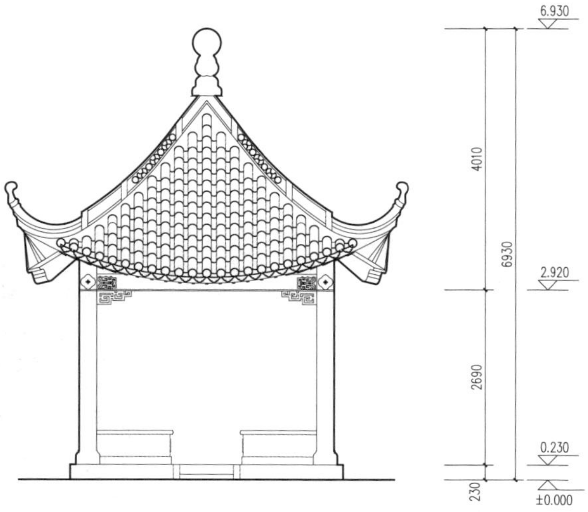

缺角亭立面图

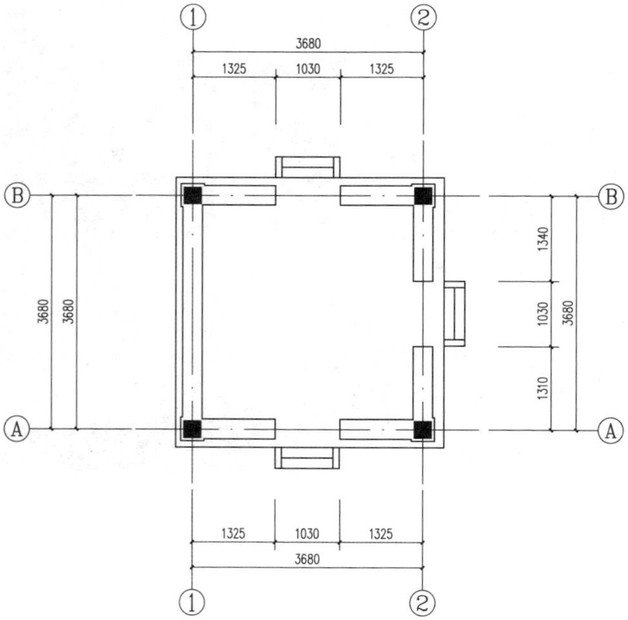

缺角亭一层平面

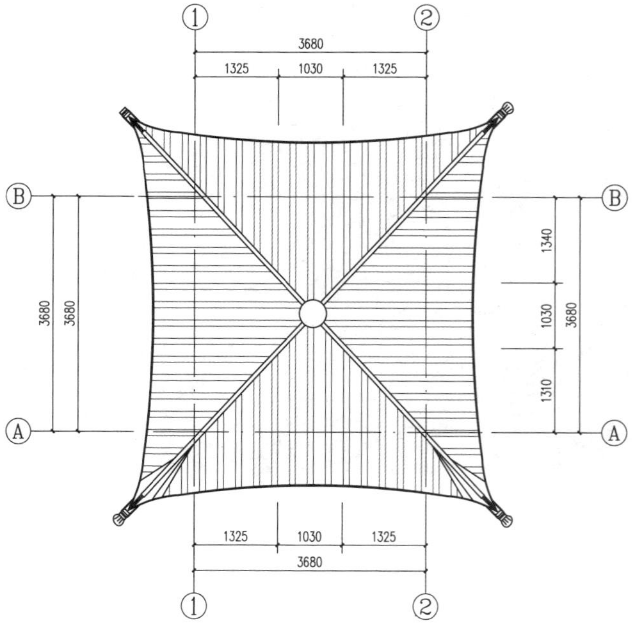

缺角亭屋顶平面

缺角亭实景图

繪月

6

松鹤园区域

松鹤园位于核心保护区的中东部，以泛春渠为界，与戏鹅池遥相呼应，包括梅花厅、荷花池、普同石塔、鹤寿轩、松鹤园、唐经幢、微音阁等部分。区内置轩、塔、厅、阁，配松、鹤、竹、梅，景色宜人，有“松鹤延年”的寓意。

松鹤园区域点云模型透视图

松鹤园区域点云正射影像图

松鹤园区域整体剖面

松鹤园区域整体剖面

松鹤园区域梅花厅实景

梅花厅及暗香园

始建于清代嘉庆十六年（1811），位于浮玉桥东侧。1996 年翻建，厅五楹，高 7 m，面积 192.36 m^2，厅额“梅花厅”由原中共中央华东局书记魏文伯题写。

梅花厅为清代风格的砖木建筑，墨柱飞檐，长门紫扇，窗格精巧，造型端庄。门窗、横梁嵌雕梅花图案，周边植红梅、绿梅、蜡梅，道路地坪上用鹅卵彩石、白瓷、青瓦铺成形态各异的梅花图案，可谓“园是梅花园，厅是梅花厅，路是梅花路，香是梅花香”。厅前对植桂花、古柏，寓意“贵寿双全”。

暗香园为梅花厅的后花园，左侧为“九转如意”，右侧为“鹤寿延年”，意寓“万事如意、健康长寿”。园内植梅花、腊梅，可冬赏寒梅傲雪，春闻梅花飘香，情趣高雅。园内有建于 1988 年的春早亭及梅花廊，1993 年镶嵌咏梅诗词书法碑刻，2009 年碑廊向东南延伸，1997 年地坪铺设青砖，2009 年木质廊座改为青砖。

梅花厅区域点云正射影像图

梅花厅区域点云模型透视图

梅花厅区域整体剖面

梅花厅立面

梅花厅立面

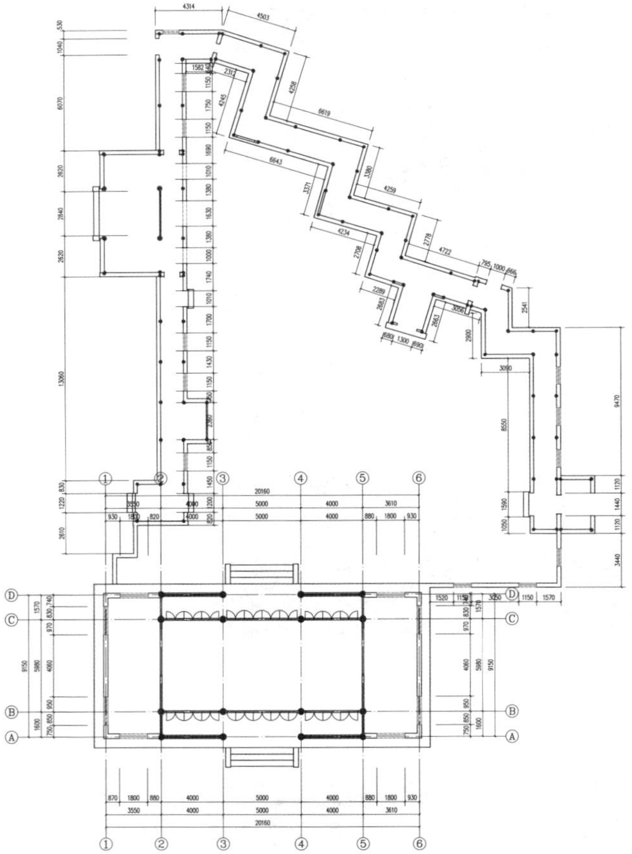

梅花厅区域一层平面

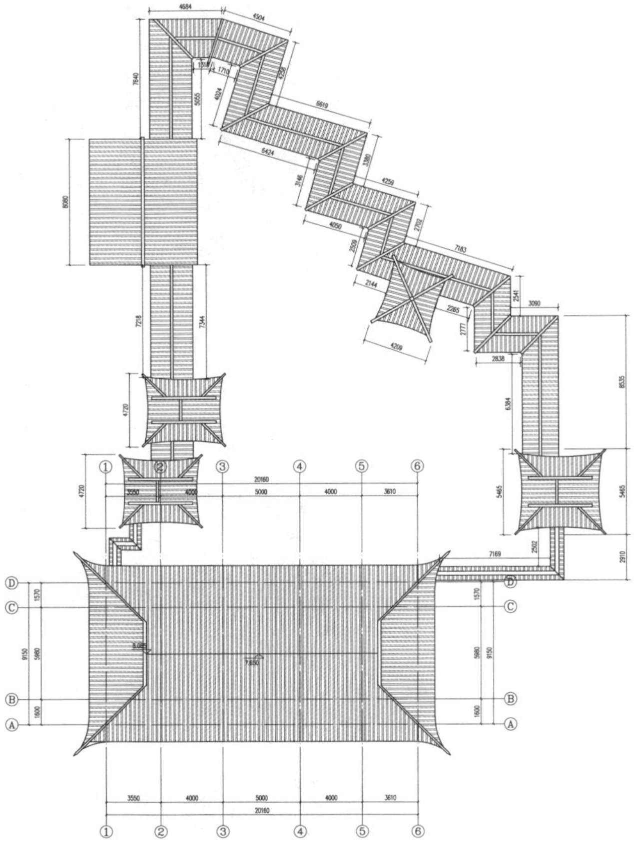

梅花厅区域屋顶平面

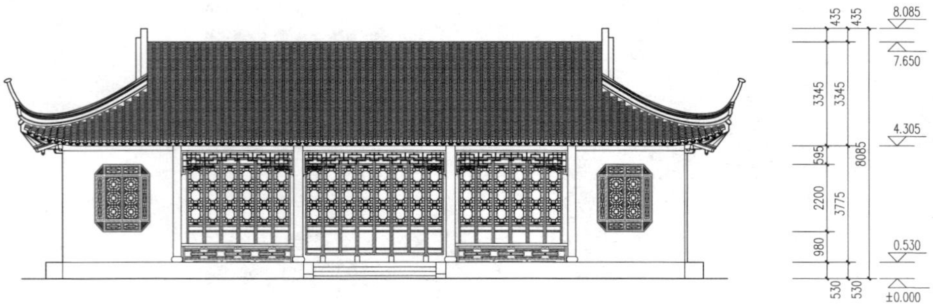

梅花厅南（北）立面

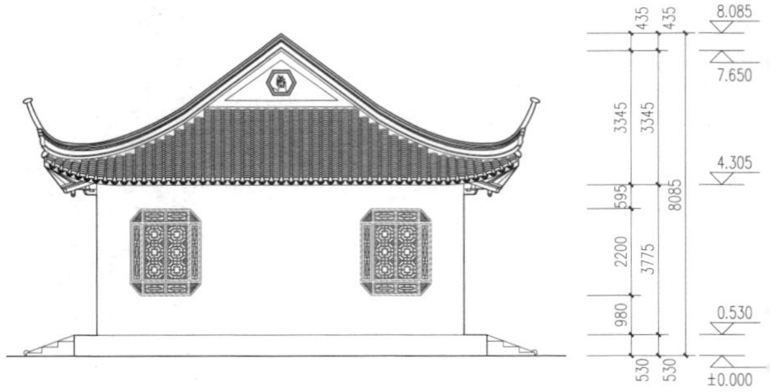

梅花厅区域东（西）立面

微音阁

微音阁初建于清代乾隆年间。相传在阁中可听到云翔寺传来的幽远磬音，得名微音阁。1947 年由微音社捐资重建，位于不系舟东北，高 10 m，上为观景楼，下为滴水阁，面积 41.3 m^2。阁上层小下层大，三楹，砖木结构，正面有长门八扇，两面是花色漏窗，两头是八角花窗，上下两层都飞檐翘角，四面滴水，高脊垂带 , 小瓦结顶。

微音社系南翔地区知识分子自发组织的社团，在南翔出版《微音》半月刊，抨击时政，反对国民党发动内战，追求民主解放。“微音”意指社团成员在黑暗社会中发出正义的呐喊，以此点燃民众追求和平、光明的星星之火。匾额“微音阁”由全国人大常委会原副委员长胡厥文和中华人民共和国首任邮电部长、全国人大常委会原副委员长朱学范分别书写。《微音阁记》由微音社成员陆象贤撰文、周大刚书写，记载了筹建微音阁的过程和微音社的宗旨。

微音阁点云正射影像图

微音阁点云模型透视图

微音阁整体剖面

微音阁整体剖面

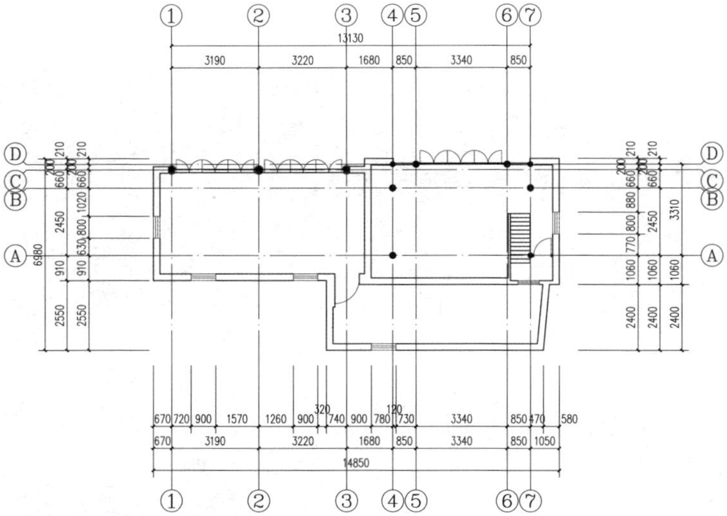

微音阁一层平面

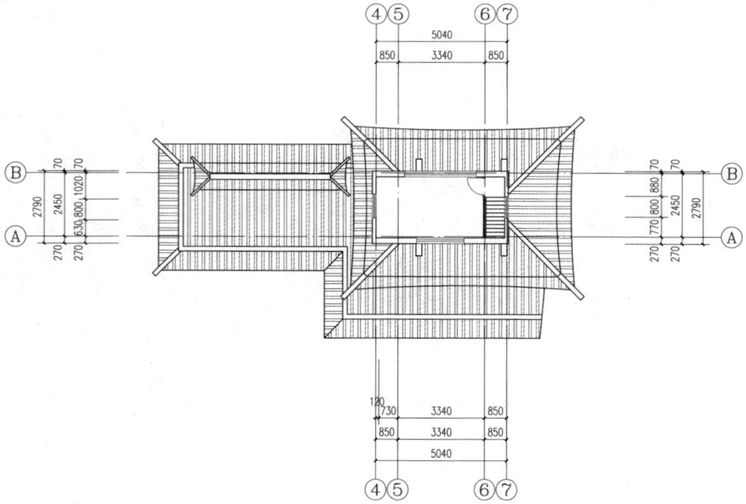

微音阁二层平面

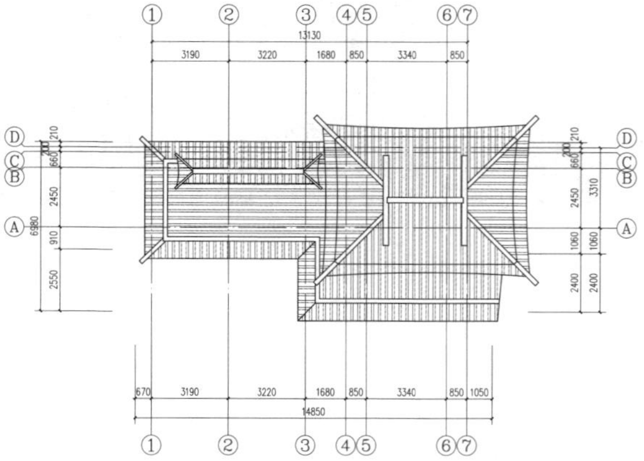

微音阁屋层平面

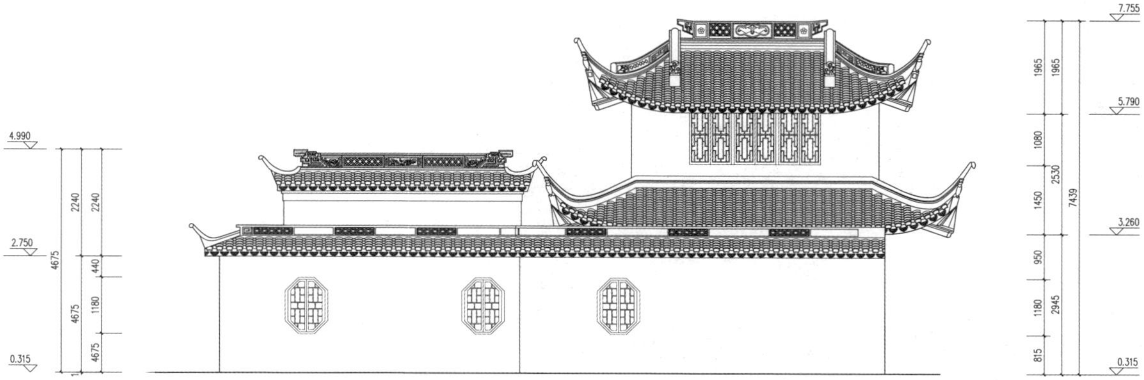

徽音阁南立面

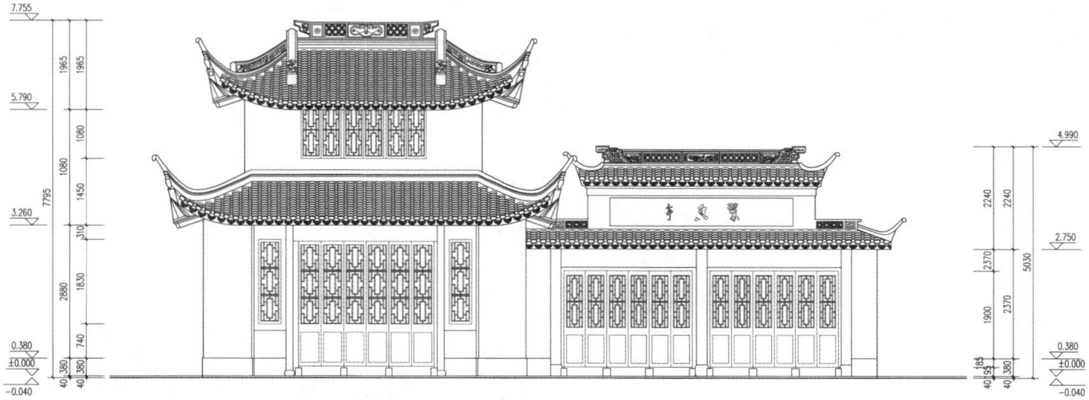

徽音阁北立面

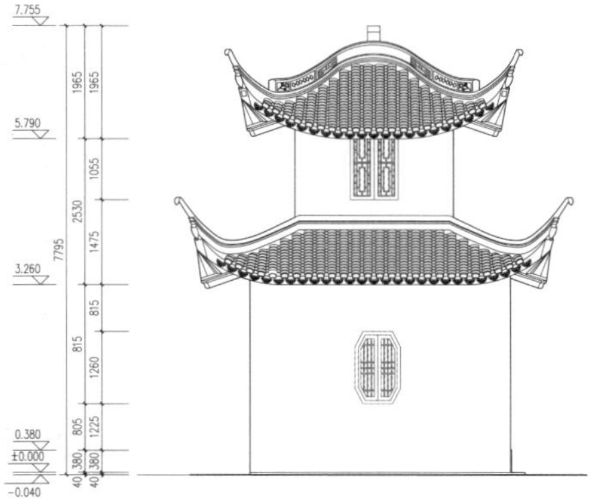

徽音阁南东立面

微音阁实景图

微音阁实景

7

水木明瑟区域

水木明瑟区域位于核心区北部，由一组三进院落建筑与水厅回廊构成，包括鸳鸯厅、半风亭、春藻堂、道法讲堂、柳带轩、绘月廊等。水木明瑟区域以居住建筑为主，择北而建，通过水域与戏鹅池区域相连，蜿蜒转折；或通过院落与逸野堂区域相连，与游园空间相连；还通过连廊与松鹤园区域，转向外向性空间。

水木明瑟区域点云模型透视图

水木明瑟区域点云正射影像图

水木明瑟区域点云模型透视图

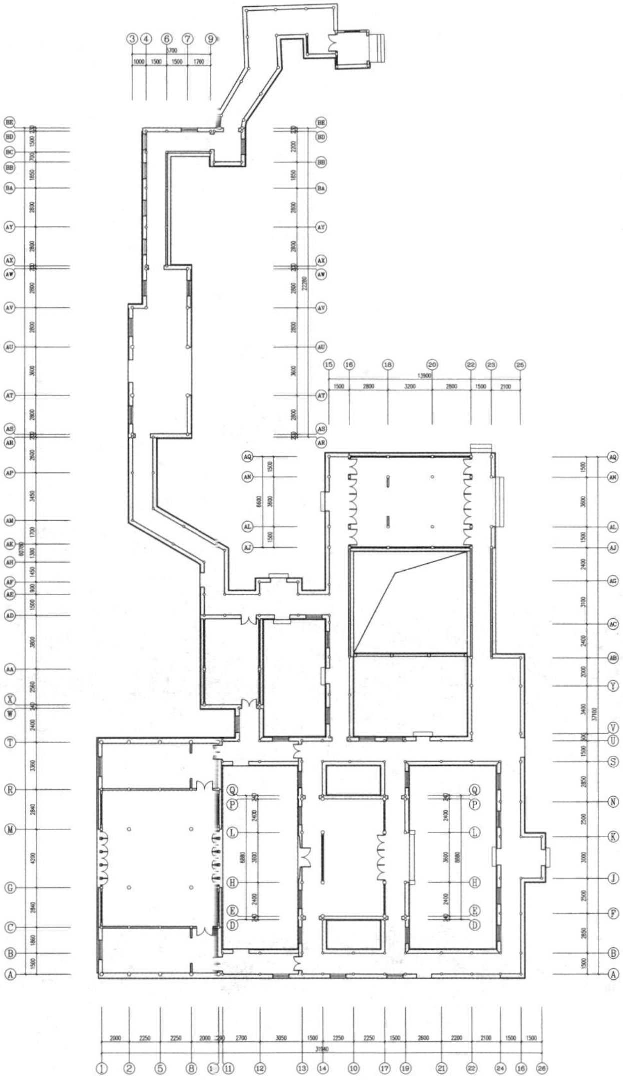

水木明瑟区域整组院落一层平面

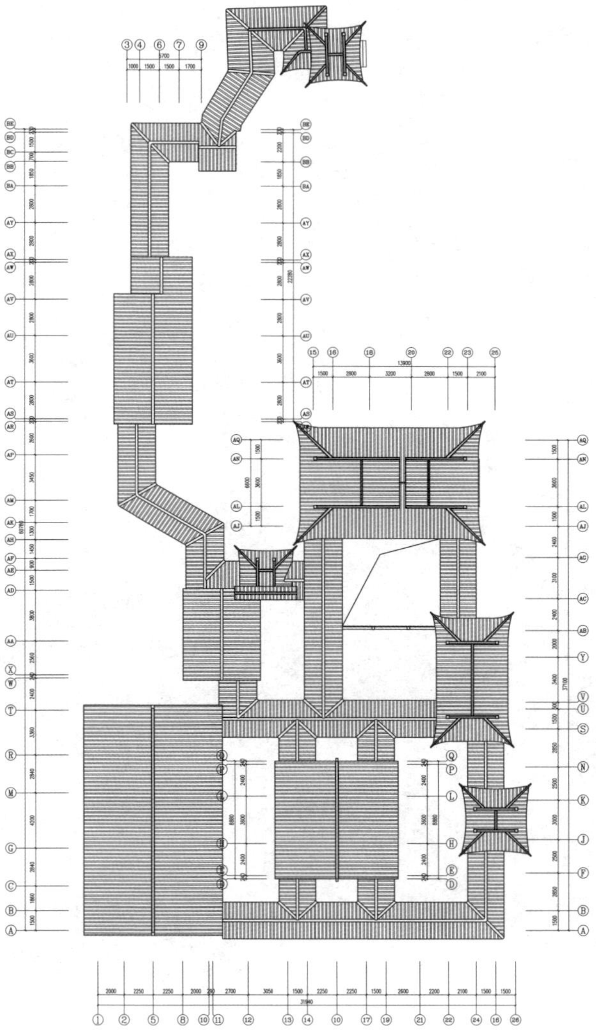

水木明瑟区域整组院落屋顶平面

鸳鸯厅

厅中原设一堂六扇明代刻字屏门，挂额“水木明瑟”，后毁，2009 年重建。位于春藻堂东侧，跨于泛春渠尾水之上，砖木结构，南北各有 8 扇雕花长门，东西两侧各有 16 扇格窗，方砖地坪。

水木明瑟区域整组院落

鸳鸯亭点云模型透视图

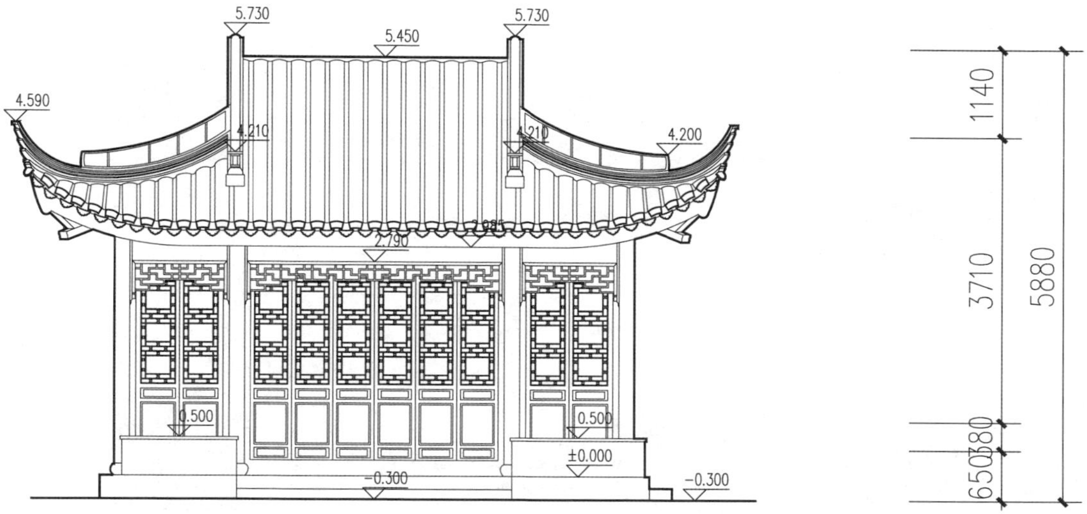

鸳鸯厅南立面

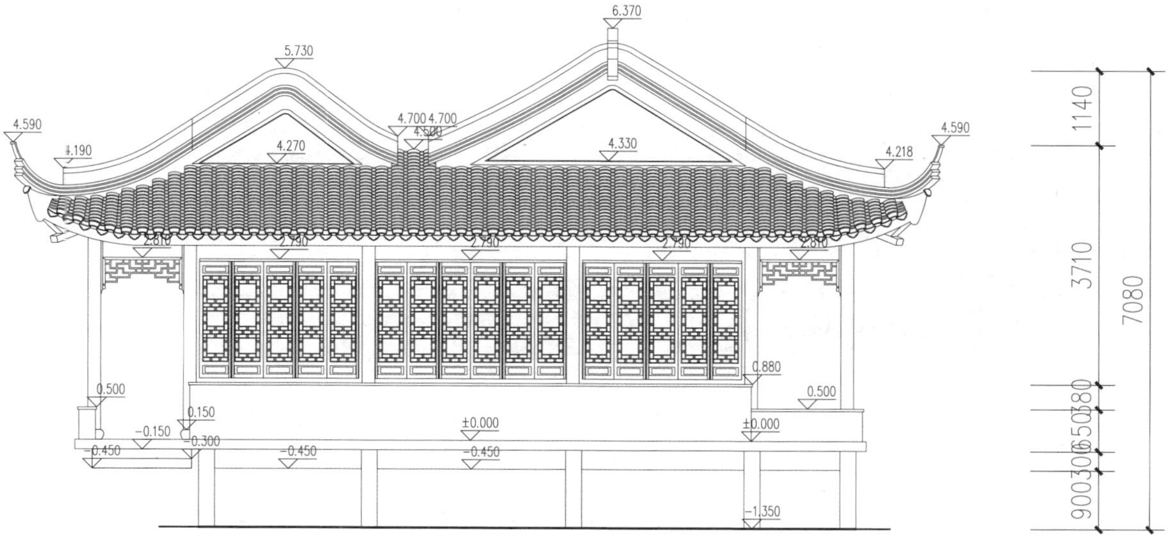

鸳鸯厅西立面

水木明瑟区域实景图

半风亭

半风亭建于 2009 年，为春藻堂门庭，与戏鹅池相呼应，体现出“千朵红莲三尺水，一弯明月半亭风”的意趣。

半风亭点云模型透视图

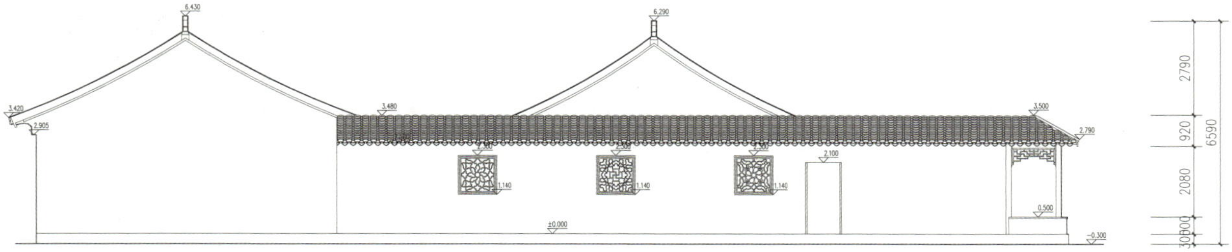

半风亭—道法讲堂西立面

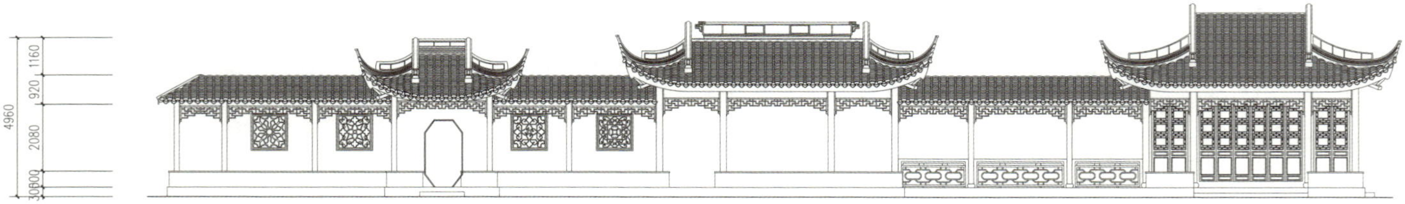

半风亭—鸳鸯厅立面图

半风亭实景图

半风亭实景图

春藻堂

春藻堂位于五老峰北侧，建于清乾隆年间。“春藻”意指春日丽景，引申为华丽的文辞，反映了园主叶锦的文人情结。1958 年重建，五楹三间，砖木结构，小瓦结顶。2009 年南移改建为三楹一间，堂内悬“春藻堂”匾，陈列九龙屏、龙椅、龙几等木雕家具。

春藻堂点云模型透视图

春藻堂点云正射影像图

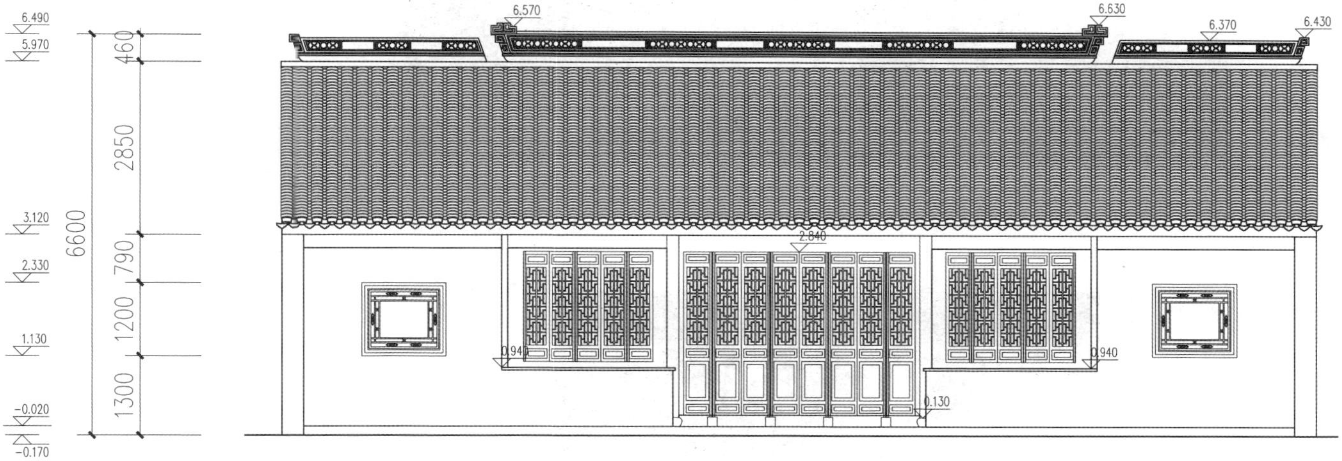
6.490
5.970
3.120
2.330
1.130
-0.020
-0.170
460
2850
790
1200
1300
6600
6.570
6.630
6.370
6.430
2.840
0.940
0.940
0.130

春藻堂立面图

春藻堂实景图

柳带轩

柳带轩始著录于沈元禄《古猗园记》，为清馨山房后花园的出入口，东接绘月廊，南对鸳鸯厅，西连半风亭。轩前植海棠、白玉兰、报春花、蜡梅、茶花等，是春冬时节的观赏景点，体现“无意吟诗，柳带春光轻入韵。有心研墨，梅斜雪径淡含香”的意趣。2009 年改建。

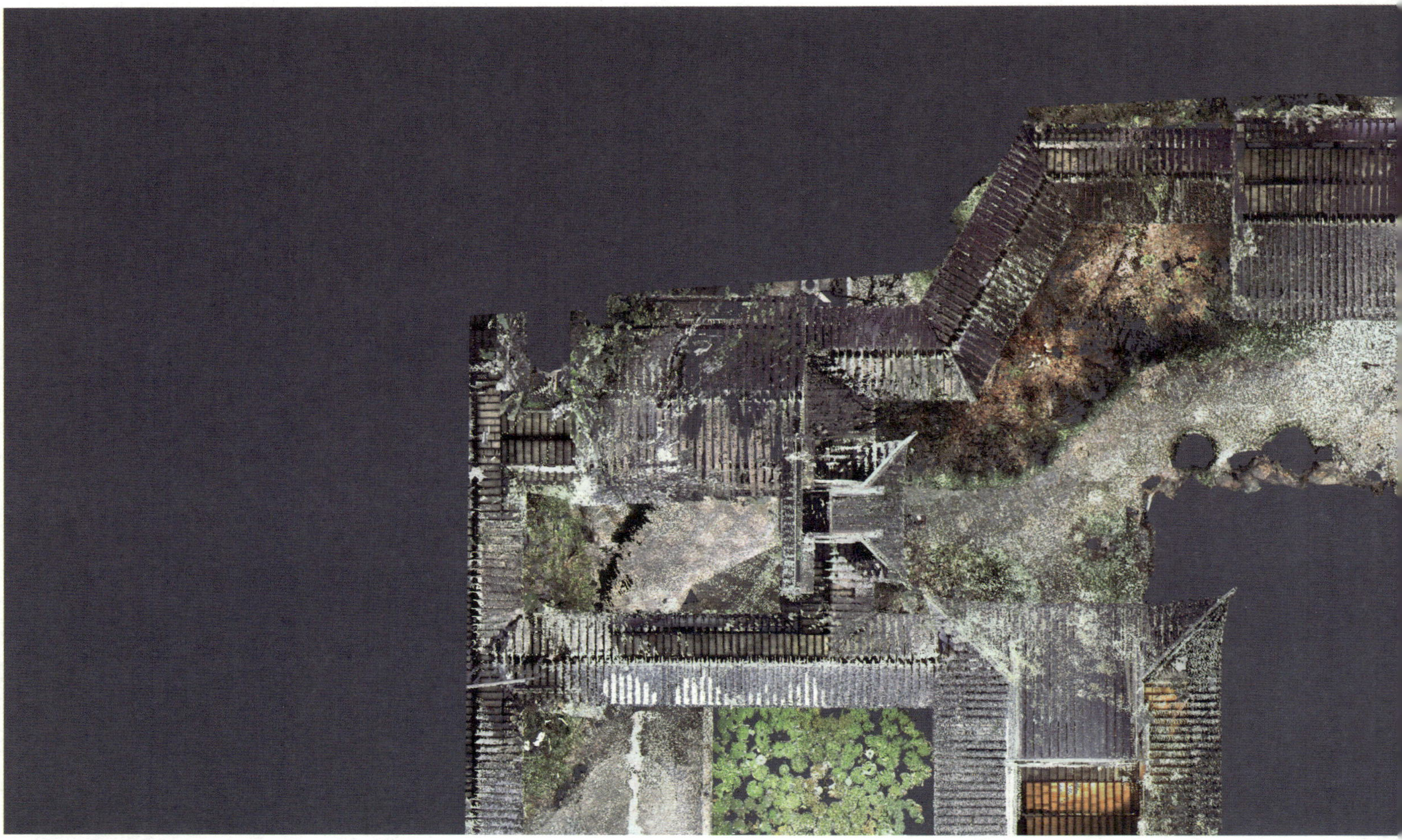

柳带轩点云正射影像图

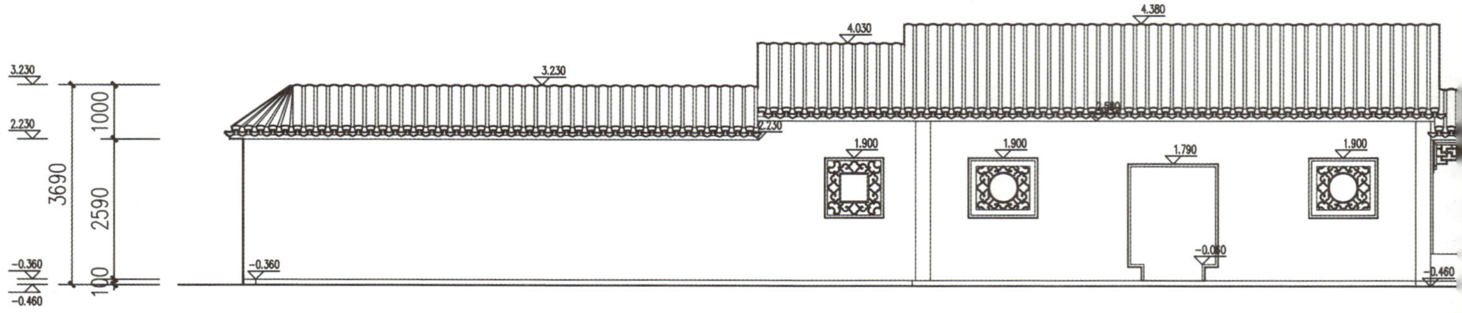

柳带轩立面图

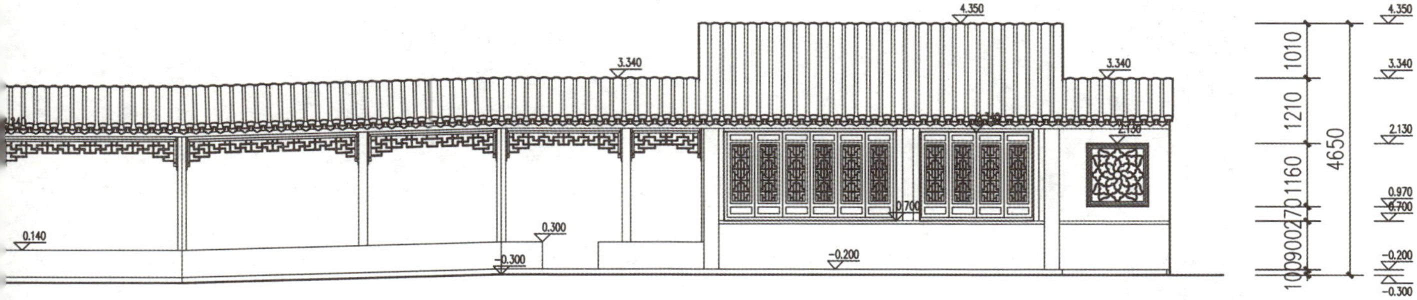
4.350
3.340
3.340
2.130
0.700
0.140
0.300
-0.300
-0.200
1010
1210
1160
4650
0.970
-0.300

绘月廊实景图

绘月廊

绘月廊位于微音阁西侧，建于清乾隆年间，1983 年重建。砖木结构，廊首为方亭，圆洞门朝南，亭右是扶王靠，亭左是花色漏窗，亭后两扇门内为廊。廊北墙南柱，柱间为坐凳及栏杆。廊道三面透景，仰视可赏月圆月缺，下临曲水，俯视可见映月，岸边翠竹欲滴，体现了“无风烟焰直，有月竹荫寒”的意境。

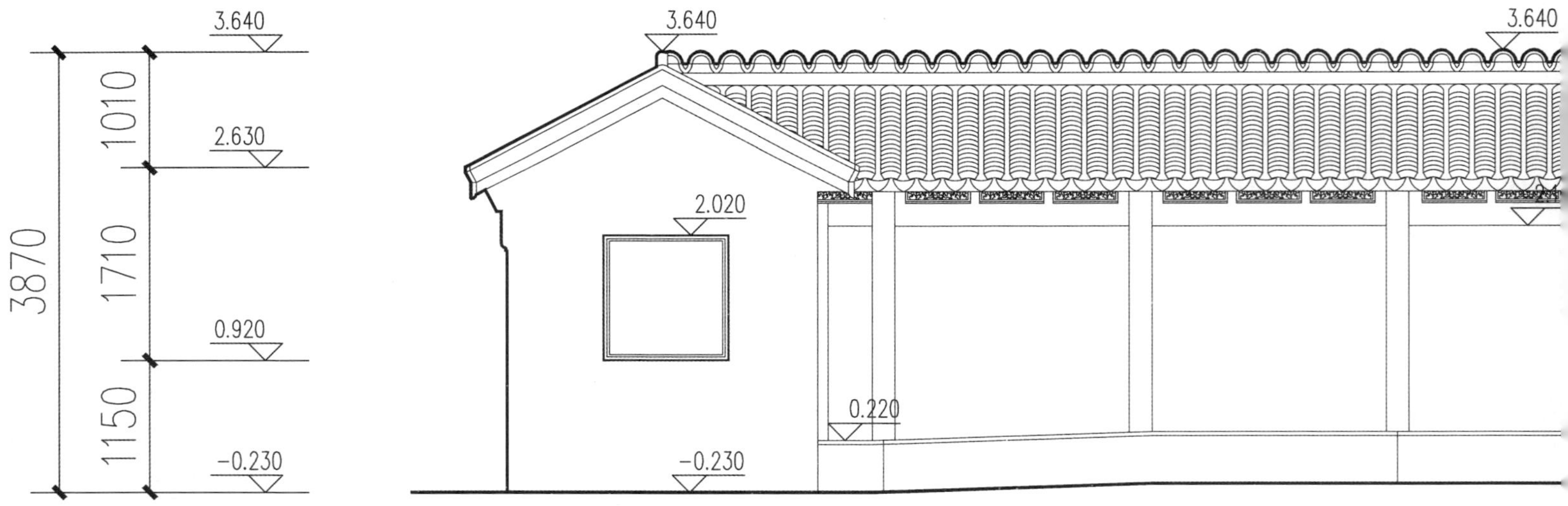
3.640
2.630
0.920
-0.230
3870
1010
1710
1150
3.640
2.020
0.220
-0.230
3.640

绘月廊立面图

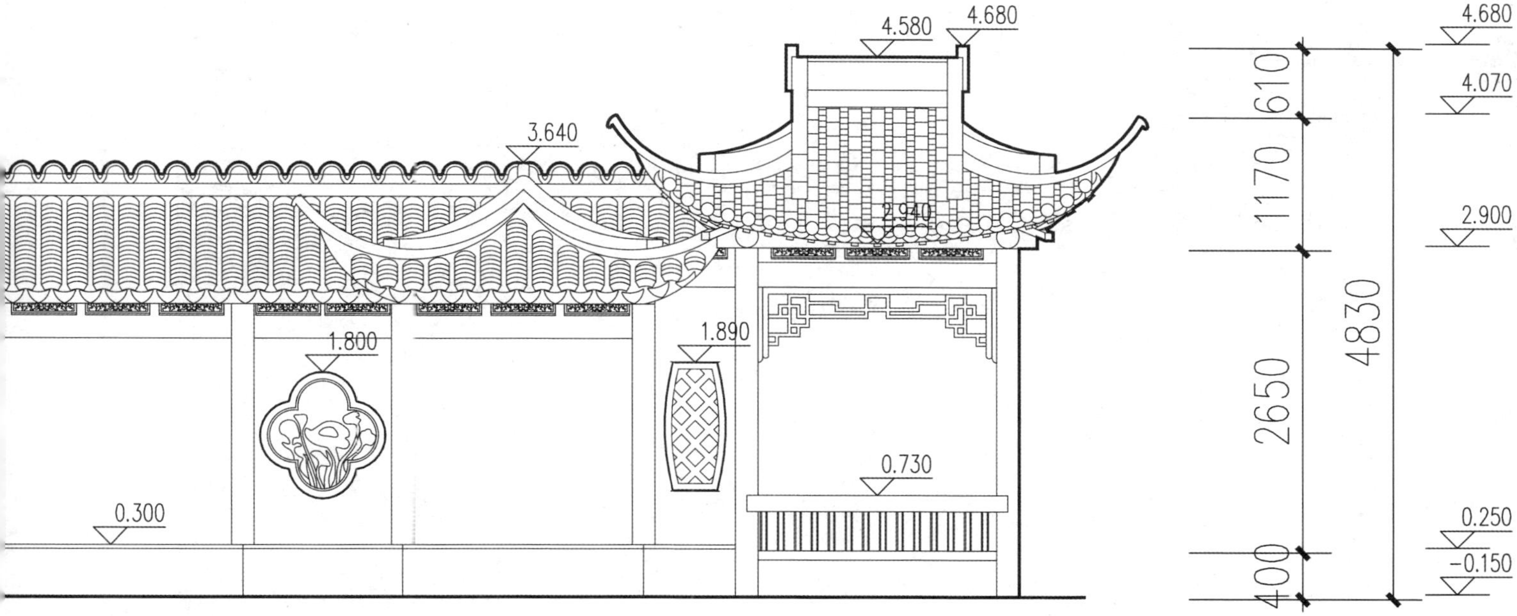
4.580
4.680
3.640
2.940
1.800
1.890
0.730
0.300
4.680
4.070
2.900
0.250
-0.150
610
1170
2650
400
4830

绘月廊实景图

8

花石小路

古猗园的花石小路别具一格，除面积为江南古典园林之最外，其各式纹样也与建筑相得益彰，共同营造了人在园中、如入画中的意境。

采用砖瓦、碎石、碎缸片、碎瓷片、碎碗片、废弃塑料管等组成各种纹样，通过意境营造、色彩搭配、视觉感染及肌理质感，表达“祈福迎祥”“民间信仰”和“文人思想”等三大思想主题。

梅花厅前的花石路面

古典园林装饰中不可忽略的一个重要元素便是园中小径。路面砖石经过粗略的排布，就可以带来中国文人推崇的天然风景。林语堂先生曾引用明代陈继儒《园宅》中的诗句，很好地解释了园林设计中对于“曲径通幽”的喜好，行走于幽深庭径之间，从“门内有径，径欲曲；径转有屏，屏欲小；屏进有阶，阶欲平；阶畔有花，花欲鲜”的设定中，人们可以很好地体会到“幽雅静”。

青砖、石灰岩、大理石板、鹅卵石、小碎石等材料，经过混合排布，形成或具象或抽象的图案，有时与建筑上的花纹遥相呼应。将青砖、鹅卵石或石子镶嵌在平整好的地面上就形成了路面拼花。

《园冶》中指出：“破方砖可留大用，绕梅花磨，冰裂纷纭。”这一方式也揭示了在拼花石径中鹅卵石、方砖、碎石子等原材料的搭配组合技巧。使用鹅卵石的拼花图案注重强调富于变化的色彩，青砖则更多用于表现几何形图案，即将青砖切割成相应形状，放置在图案边缘，组成几何图案。根据明末造园家计成《园冶》中的图例可以看出，园林中铺设的路面拼花十分精巧，主要的构思是使用类似编织地毯的方式把路面变成一幅画面（胡天寿，2009）。

第一类主题 / 祈福迎祥

祈福迎祥的习俗历史悠久，反映了人们对于吉祥、平安以及幸福生活的向往和追求。各种纹样就体现了这种习俗，表达了人们对美好事物的祈愿，也体现了中华民族的传统文化。

园林景观中的吉祥纹样正是民间习俗与园林艺术相结合的产物，这些纹样以精美的造型和深刻的寓意展示了人们的美好愿望。在园林的花石小路中运用吉祥纹样不仅增添了观赏性，也体现了传统文化的独特魅力。

“松鹤延年”主题

“图必有意，意必吉祥”。鹤在我国古典文化中是一种祥瑞之鸟。2000 多年前的《诗经》中就有记载:“鹤鸣于九皋，声闻于野”。又因鹤的寿命通常在 50 ～ 80 年，属于鸟类中长寿的。《上书洪范》中载：“五福：一曰寿，二曰富，三曰康宁，四曰攸好德，五曰考终命。”排在第一的就是“寿”，可见长寿在人们心中的重要程度，而鹤的长寿特征正好暗合人们期盼生命长久的心理。加之鹤体态高雅，被道家视为通天的神鸟，经常出现在“羽化升仙”的主题中。鹤“朝戏于芝田，夕饮乎瑶池”，故常为仙人的坐骑。传说鹤既可以 1600 年形定色白，也可以 1600 年饮而不食，故《淮南子》有“鹤千年，龟万年”之说。鹤标格奇俊，唳声清亮，很早就被人认为是有德行的禽鸟，《周易・系辞》以鹤比作君子。鹤文化很早就成了中国文化的一种体现。

因此，古猗园的铺地纹样中自然少不了仙鹤，既有成对出现的，也有单只存在的。不仅如此，古猗园还有望鹤楼、白鹤亭、鹤寿轩、鹤守轩、双鹤斋、松鹤园、曲溪鹤影等景观。为什么鹤文化在古猗园里会得到如此凸显呢？事实上，除了鹤自身的文化寓意外，还与南翔镇的起源相关。

相传梁代天监年间有一老农，种菜刨地时挖出一块大石头，此石露出地面后，有一对白鹤或于其上空盘旋，或在其上歇脚。这时一名叫德齐的和尚从这里经过，看到此情此景，且附近横沥、上槎浦、走马塘、封家浜四条河流纵横交叉，四方有湾，形成“卍”字形，好似释迦牟尼胸部所现的“瑞相”，便认为这里是一块吉祥的佛地，于是他决定在这里建造一座佛寺。此后每天那对白鹤飞向哪里，哪里的百姓就来捐款献物，以备料兴工。到佛寺落成的那天，那对白鹤驮着德齐和尚朝南飞走了，巨石上顿时现出一首诗：“白鹤南翔去不归，惟留真迹在名基；可怜后代空王

仙鹤图案花石小路组图

子，不绝薰修享二时”。为纪念这对白鹤导施的功绩，人们便将寺取名“白鹤南翔寺”。唐开成时（836—840），白鹤南翔寺经年失修，行将倒塌，来了一个法号行齐的和尚，这时又飞来了一对白鹤。那对白鹤径直飞到白鹤南翔寺南面的财主莫少卿家里，对着莫少卿不停地飞舞。莫少卿是个虔诚的居士，早就听说过白鹤导施造寺的故事，认为这是天意要他资助修寺，为求菩萨赐福添寿，他就献出大半家产，把寺基扩大到 180 多亩，把佛寺修建得比以前更加宏伟壮丽。完工那天，莫少卿对白鹤说：“该我做的事都办完了。”那对白鹤又在莫少卿面前飞舞一番，驮着行齐也向南飞走了。人们传说这对白鹤和行齐就是从前的那对白鹤和德齐。

“松鹤延年”的铺地纹样位于曲溪鹤影景区。“这个是当时我做的，加了年份的，这个大概是 98 年 99 年，大概就是这个时候。这是两只仙鹤，这栋建筑名字当时上面（领导）起好了，叫望鹤楼，我想了想，就做了两个仙鹤。因为我们当地人说，白鹤向南飞嘛，我想了想就做了一对白鹤，一只向南飞。白鹤的边上是一棵松树，叫松鹤延年，这里还做了祥云。”①

① 被访谈人：杨德华；访谈时间：2018 年 10 月 20 日；访谈地点：古猗园；访谈人：亓明曼

盘长纹

材料：缸片

寓意：盘长是佛家的“八宝”之一，在民间，它与法螺、法轮、宝伞、白盖、莲花、宝瓶、金鱼共称“八吉祥”。盘长在佛教中有“回环贯彻，一切通明”之谓。盘长纹在民间应用极广，俗称百结。可单独使用、两只并用或连续使用，有梅花盘长、四合盘长、万代盘长、方胜盘长、百吉盘长等多种图案艺术形式。盘长盘曲连接，无首无尾无休止，绵延不断，所以人们以它来表达诸事深远、世代绵长、长寿永康、绵延贯通、生命或好事无尽头等生活理想。盘长是绳索盘结，“绳”与“神”、“结”与“吉”谐音，绳子又与龙蛇形状相似，所以还有神圣、团结、吉利等喻意，成为民族美学中的一种符号。

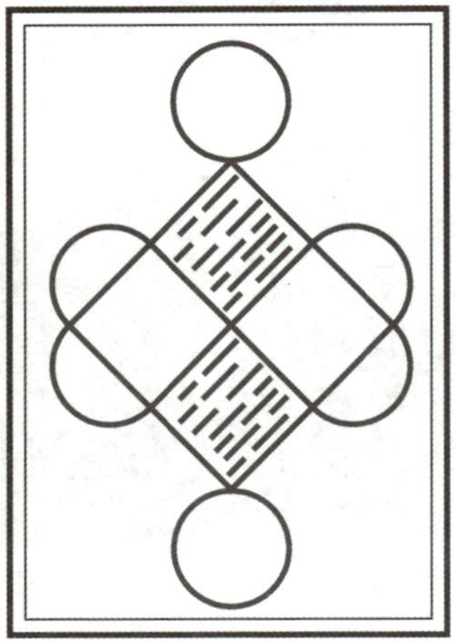

盘长图案花石小路

荷花纹

材料：鹅卵石、白瓷片

楚大夫屈原在《离骚》中写到“制芰荷以为衣兮，集芙蓉以为裳”。荷花自古就是圣洁、和平、吉祥的象征，文人向喜以荷言志、以荷比物、以荷兴思。可以说，荷花高雅的风韵渗透到了人类的精神世界，形成了别具一格的荷文化。古猗园的铺地荷花纹样丰富，荷叶、莲蓬、鱼戏莲叶等，与周边建筑、景观融为一体，互相映照，具有丰富的象征意义、深厚的韵味和雅致的意境。如鸢飞鱼跃轩前的铺地，以折扇打底、鱼戏荷为画，表示“金玉同贺”，在与情境相谐的同时巧用“扇”与“善”、“鱼”与“余”的同音同声，表达“善行”和“年年有余”的民俗心理。

古猗园“荷”这一文化符号和铺就的纹样，丰富了园林景观，而且这种在每个鹅卵石之间留下细小缝隙的设计，不仅有助于排水，还体现了对微观生物的关爱，正是儒家文化中仁爱思想的体现和具体实践。

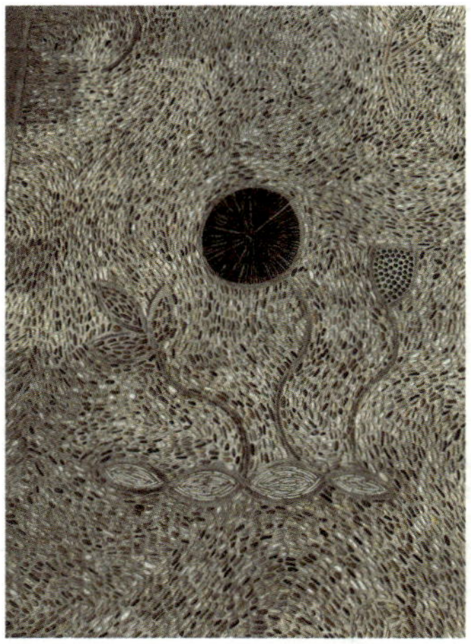

荷花纹花石小路

连年有余

材料：缸片、卵石、碎碗片、弹石

寓意：鱼纹为新石器时代四大图腾符号之一。鱼的形象作装饰纹样，早已见于原始社会的彩陶盆上；商周时的玉佩、青铜器上亦多有鱼形。在中国的创世神话中，大地是被四条鳌鱼支撑着的，鱼很早就被先民视为具有神秘再生力与变化力的神圣动物。此外，鱼象征着逍遥自在的生命情韵，源自《庄子·秋水》中庄子于濠梁观鱼，园林中的“鱼乐国”“安知我不知鱼之乐”“濠上观鱼”成为“恬淡寡欲、闲雅超脱”的象征。古猗园鸢飞鱼跃轩前的“连年有余”由鱼和荷花组成，色彩鲜亮。

连年有余纹花石小路

八卦纹

材料：碎碗片、缸片、卵石

寓意：儒家在太极图外将八卦分据八方，演变为太极八卦纹，太极八卦纹是铺地常见图纹。《易传》认为八卦以“–”为阳，以“– –”为阴，由乾、坤、震、坎、艮、巽、离、兑组成，象征天、地、雷、风、水、火、山、泽八种自然现象，以推断自然和社会的变化；阴阳两种势力的相互作用是产生万物的根源，“乾”和“坤”两卦在八卦中特别重要。太极八卦图后为道教所利用，赋予它神通广大的寓意。

八卦纹花石小路

孕清亭前的八卦图形

如意纹

材料：碎碗片

寓意：“如意”一词出于印度梵语“阿娜律”。最早的如意，柄端作手指之形，“以致手所不能至，搔之可如意”，故名。晋唐时期，我国已有用来瘙痒的如意。和尚宣讲佛经时，手持如意，记经文于上，以备遗忘。道教盛行后，逐渐把如意和灵芝、云纹巧妙地融合在一起，将手形变体为灵芝祥云状。古猗园如意纹由卵石、缸片、碎碗片组合而成。

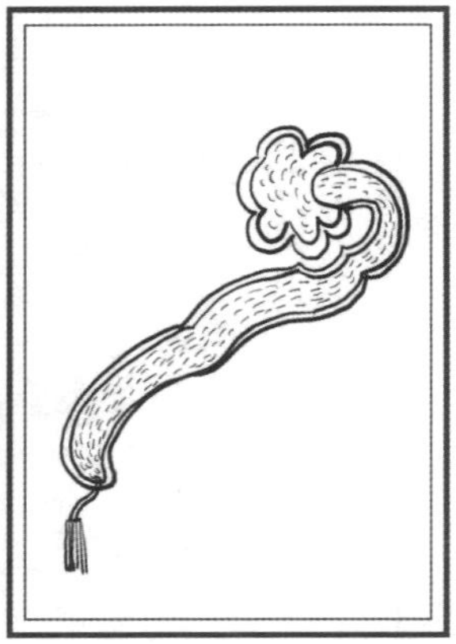

如意纹花石小路

龙纹

材料：卵石、碎碗片、缸片

寓意：古猗园明代造园，为私家园林。私家园林中怎么会有龙纹铺地呢？这与一个民间传说有关。相传东海龙王三公子小青龙，嗜酒如命，不听龙王训诫，屡犯龙宫家规，被龙王锁在海牢之中。小青龙酒瘾难忍，挣脱锁链，逃出东海，竟悄悄窜到王母娘娘家里偷饮仙酒，不料被王母娘娘发现，一怒之下，斩掉小青龙右爪，押送至东海龙王处，这只右爪正好落在逸野堂前，经过百年雨露滋润，便长成龙爪槐。小青龙失去右爪后，悲痛万分，到处寻觅，才知道落在逸野堂前，便驾云到逸野堂前看望，见右爪已化成盘槐，长势挺拔秀丽，竟不忍离去，便盘卧树旁守候，以后每年都要来此看望。小云兜便是小青龙所驾云团，中空多孔，颇为奇特。工匠师傅就根据这个故事，在小云兜旁铺设了一个长约两米的龙纹铺地。

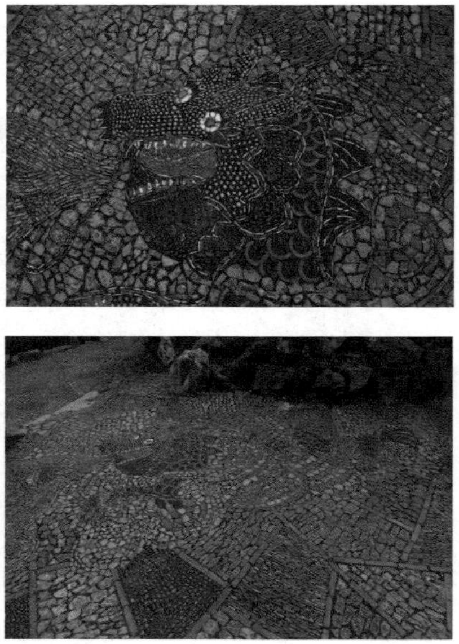

龙戏珠纹饰花石小路

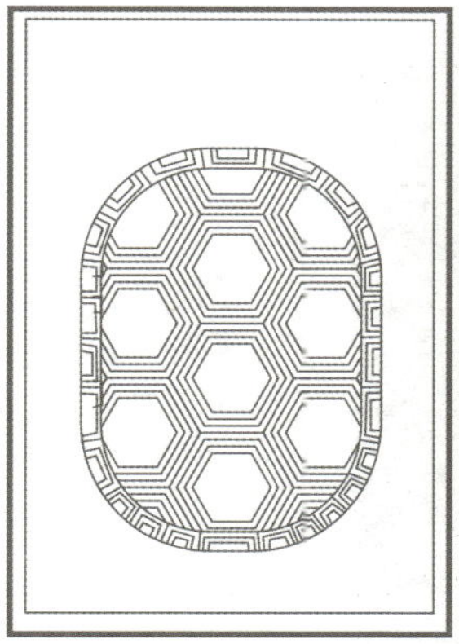

龟背纹花石小路

龟背纹

材料：碎缸片、碎碗片

寓意：龟背纹铺地亦称六角形铺地，简洁而不简单，规整而又庄重，具有很强的装饰性。一说似龟背，喻健康长寿；一说象征六合，喻天地四方。龟为“四灵”之一，彩陶文化中就出现了龟形装饰图案。古人对龟的尊崇和信仰，显然与龟的生理特性有关。龟者，神异之介虫也，“玄文五色，神灵之精也。上隆法天，下平法地，能见存亡，明于吉凶。”它左睛像日，右睛像月，头像男性的命根。龟耐饥饿，耐缺氧，抗感染，不生病，可以长期不饮不食，生命力极强。传说它“生三百岁，游于蕖叶之上，三千岁尚在蓍丛之下”，故成为长寿之象征。

翔云阁位于熊山之上，山上筑平台呈龟背状，中间塑赑屃驮碑，碑正面镌刻由“壹佰岁”三字组成的大寿字，碑后是篆书百寿图，寓意长命百岁、健康长寿。

太极阴阳鱼花石小路

太极纹

材料：卵石

寓意：“太极”是我国古代的哲学术语，意为“派生万物的根源”，表达“太极两仪”或“易有太极，是生两仪，两仪生四象，四象生八卦”，这种宇宙生成观的图案都叫作太极图。太极图是我国吉祥符号中最原始、最基本的图形，太极图形象化地表达了阴阳轮转、相反相成、生成变化根源的哲理，展现了一种一上一下、一正一反，互相转化、相对统一的形式美结构。

“寿”字纹

材料：卵石

寓意：《尚书·洪范》篇中有“五福”之说：“一曰寿，二曰富，三曰康宁，四曰攸好德，五曰考终命。”即一求长命百岁，二求荣华富贵，三求吉祥平安，四求行善积德，五求人老善终。《洪范》篇是商末巫祝的典籍，古人认为其辞乃上帝的训词，所以为后世所尊崇。“五福”以“寿”为首的核心，其他均寓于“寿”字之中，体现了中华先人对生命的关注和强烈的生命意识。古猗园的“寿”字纹是圆状的团寿。

寿字纹饰花石小路

葫芦纹

材料：白色和黑色卵石

寓意：葫芦纹铺地位于古猗园曲溪鹤影景区。葫芦为八仙之一铁拐李所持宝物，“葫芦盛药存五福”，传说能炼丹制药，普度众生。中国古代神话传说认为，葫芦是天地之微缩，里面充满着灵气。民间既将它视为避邪镇妖之物，又将它比喻为多子多福。葫芦藤蔓绵延，“累然而生，食之无穷”，籽粒众多，数而难尽，因此被作为绵延后代、子孙众多的象征。同时，葫芦藤蔓葱茏茂盛，缠绕绵长，又取其滋长、长久之意。葫芦藤蔓之“蔓”与“万”谐音，寓意“万代绵长”。“葫芦”与“福禄”谐音，含富贵长寿、加官进爵之意。葫芦与如意、毛笔、银锭组合，喻“必定福禄如意”；葫芦加飘带与如意组合，喻万代如意。

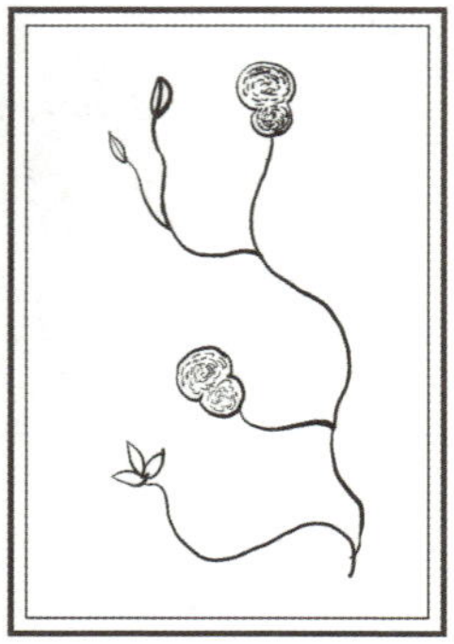

葫芦纹饰花石小路

方胜菱纹花石小路

方胜纹

方胜纹是一种由两个菱形压角相叠而成的几何纹样，古时于春日或其他节日，会剪制方胜形图案作为装饰。方胜纹有同心吉祥之意，象征无穷无尽的美好与吉祥。由于方胜纹是由两个菱形压角相叠又称为同心方胜，表示“心连心”，象征了男女间坚贞的爱情，又象征了同心就能协力，有事业成功昌盛之义。

鹿纹花石小路

鹿纹

材料：缸片、瓦片

寓意：鹿是温和的动物，代表慈善、友谊。在道教中，鹿是仙人的坐骑，古代传说中仙人多乘鹿，故鹿又被称为仙兽。鹿繁殖众多，喜成群出没，又有繁盛兴旺之意。鹿之所以成为中华民族喜闻乐见的形象，还基于中华先民语音崇拜的遗传文化基因。“鹿”谐音“禄”，为民间“五福”（福、禄、寿、喜、财）之一，表示福气或俸禄的意思。“三星高照”中的“禄星”多用“鹿”表示。

飞龙戏珠花石小路

第二类主题 / 民间信仰

中国古代的民间信仰包罗万象，涵盖了自然崇拜、神灵崇拜、祖先崇拜等，还受到佛教、道教等宗教信仰的影响。这些民间信仰不仅体现了中国古代社会的多元性和复杂性，也反映了人们对自然、社会、历史和文化的深刻理解和尊重。这些信仰在长期的历史过程中，深刻影响了人们的思想观念、生产实践、社会关系和政治行为，成为中国文化的重要组成部分。

在园林的花石小路中，民间信仰自然也无处不在，永恒的日月、圣洁的莲花、神通的八仙……无不寄予着人们对自然的敬畏之心、崇拜之情。

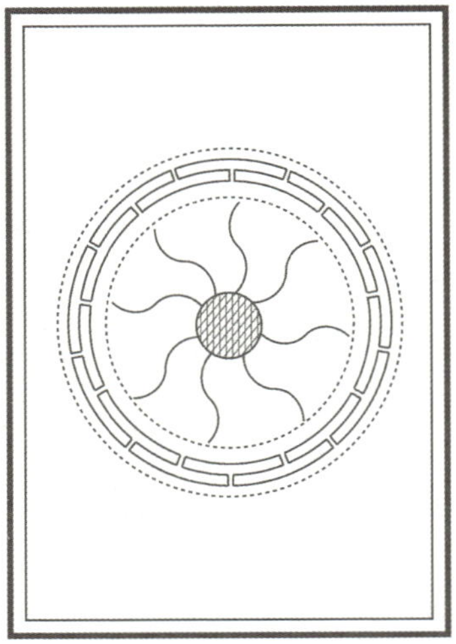

拟日纹花石小路

拟日纹

材料：碎碗片、碎缸片、鹅卵石、弹石

寓意：逸野堂为园主接待宾客的主厅，堂前铺设的拟日纹寓意为“心向光明”。绘月廊前的拟日纹，与匾额“绘月”相呼应，取意“有阴有阳，阴阳协调”。古人认为月属阴，日为阳。

在《礼记》中，太阳神被尊为“百神之王”。变形的涡状拟日纹是战国晚期常见的回旋纹样，极富动感：以内圈为中心，向外伸展八至九个涡纹，内圈中向内伸展三至四个涡纹，象征内外燃烧的火球，也就是太阳。

暗八仙纹样

上图从左至右：铁拐李：葫芦，汉钟离：团扇，吕洞宾：宝剑，张果老：渔鼓

下图从左至右：蓝采和：花篮，何仙姑：莲花，韩湘子：横笛，曹国舅：玉板

暗八仙

材料：碎碗片、瓦片、啤酒瓶片、弹石

寓意：清沈元禄在《古猗园记》中记载：“奠一园之体势者，莫如堂。”此句中的“堂”即逸野堂。为凸显逸野堂的重要地位，该厅堂四周铺设了暗八仙纹样。八仙是古代传说中的八位人物，唐代已有关于他们的传说，至明代吴元泰的小说《东游记》才确定为以下八人：铁拐李、汉钟离、吕洞宾、张果老、蓝采和、何仙姑、韩湘子、曹国舅。“暗八仙”即用八位人物所持的物品来暗指他们。因只见器物而不见人，故被称之为“暗八仙”。这一组图案原来常用于道教建筑装饰，但后来逐渐扩展到民居、园林等建筑上，有“喜庆吉祥”之意。八仙的生平经历丰富动人、精彩多样，实质上是世俗生活的缩影，代表了社会中的不同群体，人们在其身上都可以找到自己的影子，这也是八仙纹样受到人民群众喜爱的一个重要原因。

暗八仙花石小路

第三类主题 / 文人思想

文人含蓄，借象表意，委婉曲折，意在象外。因受天人合一、君子比德思想的影响，古典园林的铺地纹样也隐逸地表达了人们对于优秀品格的追求。在古猗园里的铺地纹样中，以竹、梅、荷最为常见。

竹子纹样

古猗园这一园名取《诗经·卫风·淇奥》“瞻彼淇奥，绿竹猗猗”之意，就与竹子有关。正是这首诗，开启了君子比德于竹的先河。竹子高而有节，象征了君子的气节和操守；竹的空心，象征了君子谦虚、坦荡的胸怀。魏晋以来，竹就成为风流名士理想人格的化身。梁武帝曾于文德殿令士大夫们写《竹赋》，故南朝沈约有《咏檐前竹》、南朝谢朓有《秋竹曲》《咏竹》等，爱竹、养竹、咏竹蔚然成风。晋王徽之有“不可一日无此君”，故竹别号“此君”。竹与松、梅作为传统文化中的“岁寒三友”，为园林组景和图案的重要主题。明代古猗园建园之初，园主就爱竹成癖，与竹子结下不解之缘，因此竹节纹在园内分布较多。泛春桥旁的竹子纹样以青砖作干，以绿色啤酒瓶碎料作叶，以弹石作底，与旁边的竹子盆景交相辉映，别具匠心。

竹子纹样花石小路

冰裂纹

材料：弹石、青砖、卵石、大块石料、碎啤酒瓶片

寓意：三角形状的冰裂纹，又称竹节纹，民间称之为乱劈柴纹，呈不规则状，自然而质朴。冰裂，乃冬去春来之兆，象征一切不顺畅之事亦将冰释消融。由于冰透明、无杂质，令人感觉清爽、洁净、雅致，成为品格高尚的象征。所谓“怀冰握瑜”，就是指人品的高洁无瑕。唐姚崇《冰壶诫序》曰：“冰壶者，清洁之至也，君子对之，示不忘乎清也。夫洞澈无瑕，澄空见底，当官明白者有类是乎！故内怀冰清，外涵玉润，此君子冰壶之德也。”王昌龄用“一片冰心在玉壶”，表达了自己坚守高洁清白品格的志向。

冰裂纹花石小路

梅花纹样

寓意：梅，在我国传统文化中被赋予了幽芳清远、风骨逸致的品格，“人与梅花一样清”是文人倾心于梅之写照。因此，梅花纹样在园林铺地中也应用较广。铺地最讲究纹样与客观环境的协调与相宜，匠人杨德华充分考虑了这一点，在梅花厅、暗香园入口、梅花亭基座（现为白鹤亭）的四周铺上了梅花纹样，春意盎然，犹如身在梅花丛中。

梅花纹花石小路

冰梅纹

材料：碎碗片、碎啤酒瓶片、弹石、卵石、青砖、白瓷、青瓦

寓意：梅花可与冰纹组合成冰梅纹。明计成《园冶》中有：“废瓦片也有行时，当湖石削铺，波纹汹涌；破方砖可留大用，绕梅花磨斗，冰裂纷纭。”一朵朵梅花傲然开放于寒冰之中，意喻冰清玉洁，给人以清新幽雅之感。梅花厅前后左右点缀了很多冰梅纹，正门前还铺有梅花“地毯”，与后院暗香园内遍植的蜡梅相互映衬，形成“园是梅花园、厅是梅花厅、路是梅花路、香是梅花香”的布局，营造出冷艳幽香的境界。

白鹤亭四周以梅花铺地，主要依据清代沈元禄《古猗园记》的记载，这座亭子原名“梅花亭”，梅花状基座，梅瓶门洞、梅花窗饰，亭顶立鹤，五角飞檐塑梅枝，寓意“梅妻鹤子”，毁于抗战时期。白鹤亭为1946年在梅花亭基座上翻建的，为纪念该亭，同时与现存的梅花亭基座相呼应，其四周铺设了冰梅纹石径。

梅花纹花石小路

海棠纹

材料：卵石、缸片、碗片、鹅卵石

寓意：古猗园第五任园主李宜之酷爱海棠，曾写了百首《猗园海棠》诗（现存七首）。因此，园内海棠纹铺地占比较大，并组合出“芝花海棠”“卐字海棠”“十字海棠”等多种多样的纹样。海棠有西府海棠、垂丝海棠、贴梗海棠等品种，最早自海外引进，唐段成式《酉阳杂俎》引用唐李德裕《平泉草木记》：“花名中之带海者，悉从海外来。”海棠纹以四瓣花片的变体海棠花纹为常格，以别于梅花的五瓣花片。海棠的“棠”和“堂”同音，意喻阖家美满、幸福。

海棠纹花石小路

十二花纹

材料：卵石、碎碗片、碎缸片、鹅卵石、碎啤酒瓶片、弹珠、玛瑙

寓意：古猗园中的十二花纹根据园内植物的开花时间而设定，即一月梅花、二月桃花、三月牡丹、四月海棠、五月石榴、六月荷花、七月玉簪、八月桂花、九月菊花、十月茶花、十一月兰花、十二月蜡梅。铺设在古猗园花神殿前的十二花纹样与花神主题相契合，采用碗片、缸片、青砖、瓦片等材料，从南向北，从十二月到一月，依次铺设，路段之间采用碎碗片连接。

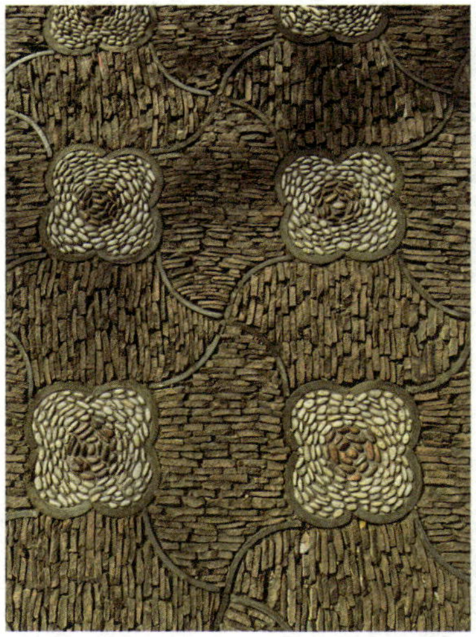

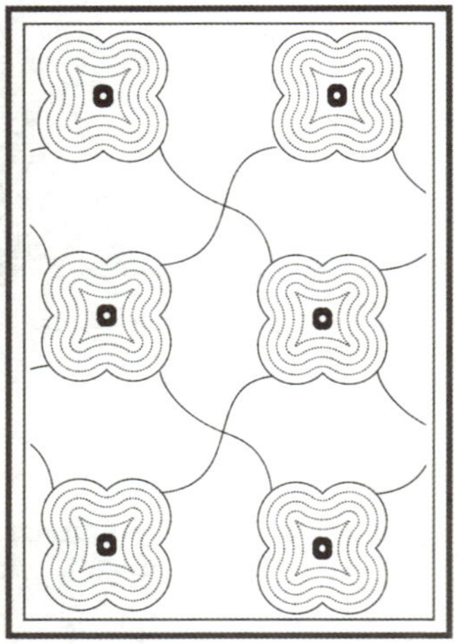

海棠纹花石小路

海棠纹组合规范

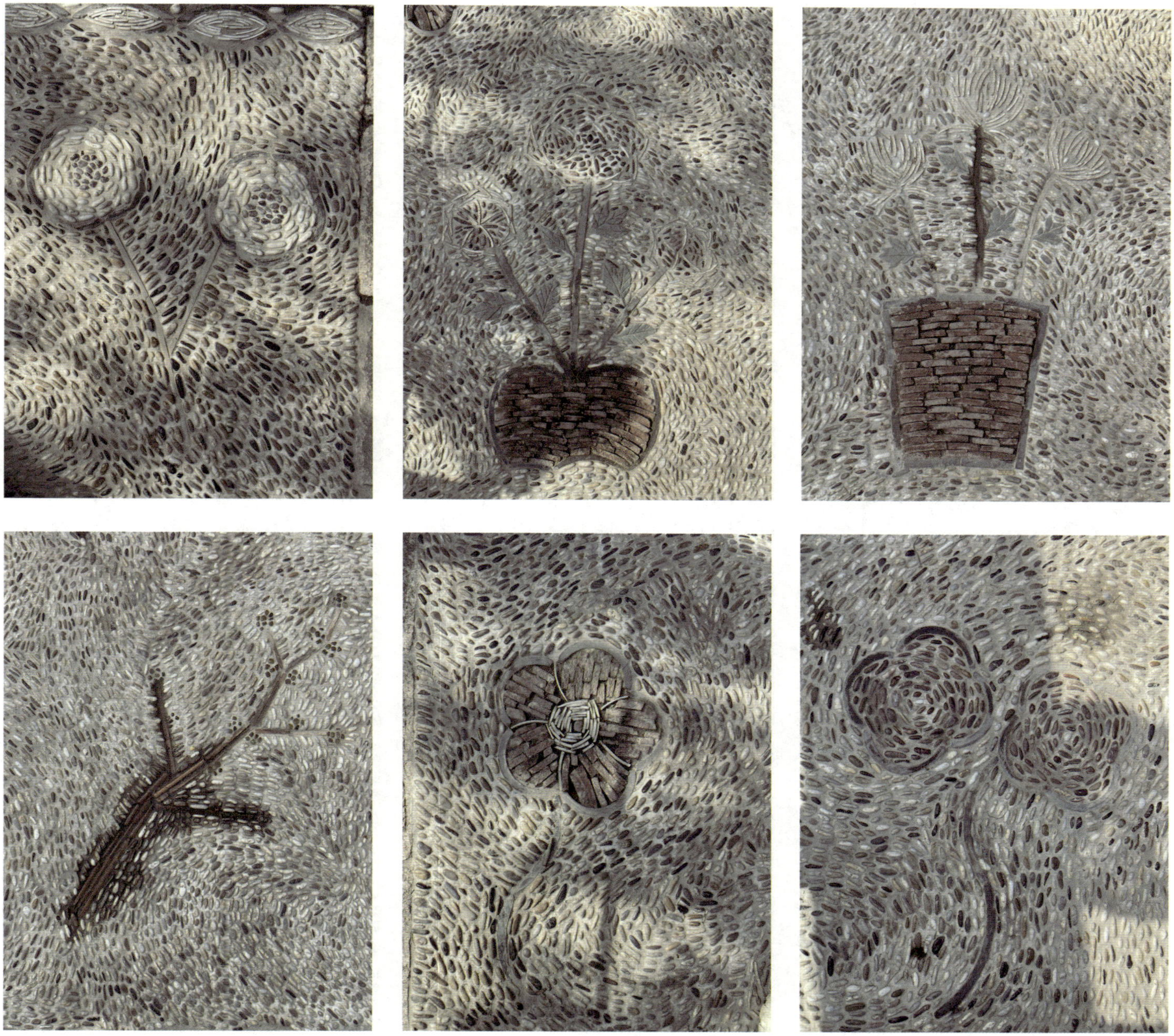

十二花纹花石小路

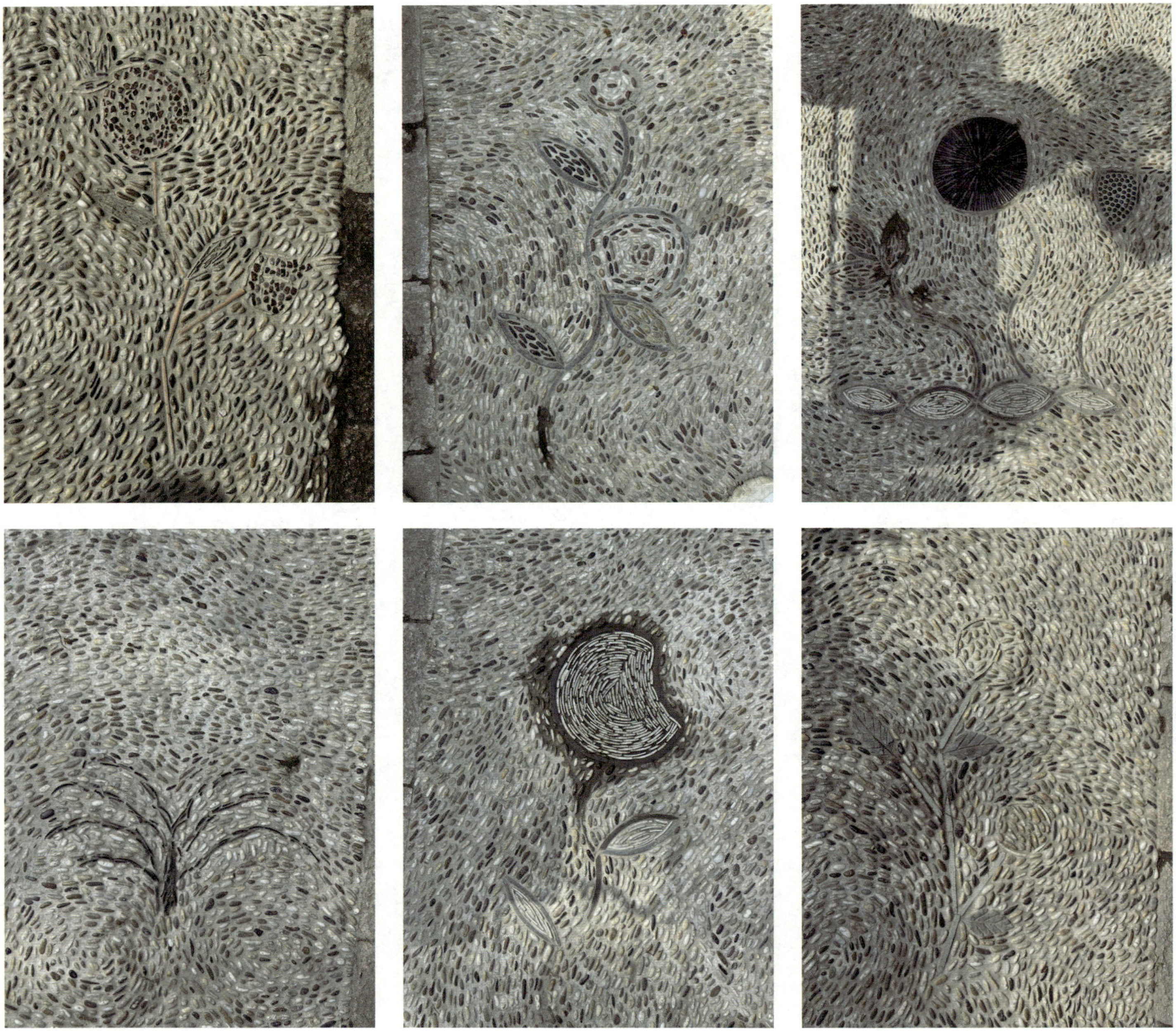

十二花纹花石小路

莲瓣纹花石小路

莲瓣纹

材料：碎缸片、碎碗片

寓意：古猗园内的唐经幢原位于云翔寺大雄宝殿前，为云翔寺八景之一。有莲瓣纹铺地的经幢建于唐咸通八年（867），高 10 m，仰莲基座，各节束腰莲花瓣，柱身镌刻尊胜陀罗尼经，为凸显古猗园经幢的神圣高洁，在经幢周边饰以莲瓣纹。

佛教以淤泥秽土比喻现实世界的生死烦恼，以莲花比喻清净佛性和西方净土。认为莲花是孕育灵魂之处，象征纯洁。相传摩耶夫人坐于莲花座上生下了佛祖释迦牟尼佛，佛祖降生的时候，池中生出千叶莲花，莲花又成为佛祖的象征。在中国，莲花被崇为花中君子，北宋周敦颐《爱莲说》，将莲“比德”于君子，“予独爱莲之出淤泥而不染，濯清涟而不妖”。平凡的路径，由于莲瓣纹铺地，脱尘俗之气，犹如足下生莲。

花石小路实景

9

塑像及木雕

作为古典建筑的重要组成部分，塑像和木雕通常位于园林景观中的显眼部位，如屋顶、廊柱、栏杆、墙面等区域。在古猗园中，有多达数十件塑像及木雕，以花卉、动物、人物、器物等造型为主，这些塑像及木雕，不仅展现了传统哲学思想、道德伦理观念，也为园林景致增添了独特的风采。古猗园的塑像可以分为：花式洞窗、屋顶塑像、木雕、泥塑、砖塑等，表现形式极为丰富多彩，具有很高的审美价值和文化、历史价值。

花式洞窗

在中国园林建筑中，洞窗中以漏空图案填心者称为花窗，也多称为漏窗。花窗多意象繁复，构图巧妙，雕功精致，主要作用是装饰墙面。一般的花窗虽也隐约透景，但并无独立的框景效果。

花窗图案丰富多样，有荷花、梅花、葵花、海棠、树叶及花边、花结等；有卧蚕、龟背锦、蝴蝶及鱼鳞等；有万字、亚字、回字、井字、十字、工字等：有轱辘线、冰裂纹、绳纹等；有各种几何图案，如八角、六角、三角、四方、套方、半圆、镜园、椭圆、套环、方胜、瓶型、直棂、破子直棂、书条川、青条川、整纹川、一码三箭、菱形、方格、斜纹、毯纹、风车纹、插角乱纹、软脚纹、步步锦、灯笼锦、回云纹、如意纹等。这些图案相互交错，组成了多种寓意吉祥如意的图案样式。

花式洞窗组合

花式洞窗组合

屋顶塑像

对于中国传统建筑，屋顶是“重头戏”，不同形式的屋顶，发展出不同的装饰手法。其中最常见的是坡顶，分为一坡顶、两坡顶、四坡顶等种类。两坡顶根据屋顶与山墙的关系分为硬山和悬山两种，四坡顶一般有四坡五脊的庑殿顶和四坡九脊的歇山顶。古猗园的建筑中，比较典型的为四坡的歇山顶式样。

其中三角形山墙成为重要的创作空间，屋脊、檐角、屋顶正上方左右两侧等部位，也出现了各种雕塑饰物，如陶饰、泥塑、砖塑等。

仙鹤雕塑

仙鹤

古猗园是由梁武帝萧衍（464—549）时期的白鹤南翔寺演变而来。因此，在古猗园的建筑顶部，多次出现了仙鹤造型，仙鹤是古猗园最重要的表现主题。

鹤寿轩上的仙鹤寓意“喜事到来，吉祥和睦”；白鹤亭上的仙鹤，与一般的丹顶鹤还不完全一样，既体现了泥塑的一般特征，又展示了江南文化的鲜明个性。白鹤泥塑停立在亭子顶端，展翅欲往南飞，展现了白鹤南翔的故事情节，体现了园林景观的灵魂——叙事。

白梅山石图

白梅、红梅是古猗园具有代表性的季节性观赏花卉，而梅花厅则是花卉的最佳观赏地点。

到了冬天，园子里的荷花凋谢，但这并不意味着古猗园失去了它的魅力。此时，古猗园是梅的世界，冷冷的天气中，梅花依然傲然挺立，数枝清绝，暗香浮动，展现出一种清雅的美。而梅花厅门窗上的梅花图案与园内的梅花相映成趣，更是成为了冬季古猗园的一大亮点。

白梅山石雕塑

福在眼前

微音阁的屋脊，采用了四叶金钱的叠瓦造型，中间则用浅浮雕的蝙蝠图案装饰。叠瓦的四叶金钱，则包含了铜钱的方孔元素，“钱”与“前”谐音，蝙蝠的“蝠”为“福”的谐音，且呈现出自上而下的姿态，寓意“福从天降，福在眼前”。“福在眼前”是中国民间常见的吉祥图案。

在我国古代，人们就把蝙蝠看作长寿、福气、吉祥、幸福的象征。倒悬的蝙蝠寓意“福到”“福从天降”，和“祥云”组合在一起，寓意“天降鸿福”。

福在眼前屋脊雕塑

狮子戏球、凤穿牡丹

狮子戏球

狮子戏球是传统吉祥纹样。狮子这一形象，来源于佛教经典，在早期佛教中，狮子是佛陀本人的象征，登狮子座象征法师说法，狮子吼则用以比喻弘法行为。佛教中的文殊菩萨的坐骑是一头青色的狮子。此外，狮子是兽中之王，代表着尊贵、威严，逐渐成为民众心中祥瑞的象征。狮子的纹样一般皆由雄狮构成，气势威猛，而其中的狮子戏球，在民间有“狮子滚绣球，好事在后头”的说法。

凤穿牡丹

微音阁的的四坡屋顶中，侧面山墙是一幅浅浮雕的凤穿牡丹，描绘是的凤凰在牡丹花丛中飞翔的美景。“凤穿牡丹”是我国经典的吉祥图案。在古代传说中，凤为鸟中之王；牡丹为花中之王，寓意“富贵”。丹、凤相结合，象征着祥瑞、美好、光明和幸福。这类以凤凰、牡丹为主题的纹样，民间称为“凤穿牡丹”“凤喜牡丹”及“牡丹引凤”等。

经幢石刻

经幢指刻有造像、经文、经咒的多角形石柱，又名石幢，属于古代佛教石刻建筑，唐代中期随着佛教密宗传入我国。经幢一般是由幢顶、幢身和基座三部分组成，主体是幢身，经文就刻于其上，形状多呈圆柱形、六角或八角形，其中以八角形为最多。基座和幢顶则雕饰莲花、云纹和佛像。

唐朝是佛教发展的全盛时期，经幢一般放于寺院内。唐代的经幢气势雄伟，造型华丽，比例匀称，雕刻手法洗练，颇具盛唐风范；有很高的艺术价值，其风格、技艺、造型、布局，堪与唐代石窟雕刻媲美。

古猗园中有两座唐代经幢，均为云翔寺旧物，一座建于唐咸通八年（867），一座建于唐乾符二年（875），1959 年由上海市文物保管委员会移入古猗园，分别安置于南苑和微音阁前方的空地上。

这两座唐代经幢气势宏伟、造型优美、雕刻细腻，属上海地区古代石刻之珍品；其上经文字体工整秀丽，笔法流畅，对研究唐代的建筑艺术以及书法艺术都有重要的参考价值。

经幢主要分为幢身、基座和幢顶三个部分。幢身主要就是用来雕刻经文的，有六角形、八角形，可以在每个面都雕刻经文。基座一般为莲花座，有时也为其他多边形，其上刻有花卉、云纹，或者各种佛像等。幢顶也可以雕刻各种图案，用于装饰。

两座经幢细部

1）基座：须弥座

须弥即须弥山，在印度古代传说中，须弥山是世界的中心。另一说须弥山指喜马拉雅山（又名大雪山），经幢的底座也称为须弥座。南苑经幢的莲花座上承第一层圆形束腰，束腰表面凹凸不平，上面的须弥座几乎与束腰齐平。再上一层束腰刻有八只狮子，形态栩栩如生，指爪和须发都较为清晰。往上一层雕刻了花卉图案，有一面题有“大清嘉庆五年”的字样，应为清嘉庆重修时所刻。这层束腰上为仰莲托平座石，上面镌刻勾栏望柱。

2）幢身中部浅浮雕：四方金刚

幢身均为八棱石柱，刻有经文，幢身的四个方位，伫立着佛教的四位护法天神，又称护世四天王，分别为东方持国天王、南方增长天王、西方广目天王、北方多闻天王。四大天王皆身披甲胄，手中分别持有弓箭、斧钺、剑戟和宝塔。

3）幢身上部浅浮雕：阿弥陀八大菩萨

八大菩萨指文殊、普贤、观音、金刚手、虚空藏、地藏、弥勒、除盖障八位菩萨。通常的结构是，阿弥陀佛端坐在正中间，周围是文殊菩萨、普贤菩萨、观音菩萨、金刚手菩萨、虚空藏菩萨、地藏菩萨、弥勒菩萨、除盖障菩萨等佛教人物。

4）幢顶：仰莲覆宝珠

在这座经幢的幢顶呈宝珠状，即仰莲覆宝珠。幢顶，庄严清秀、造型挺拔、雕饰精美，是唐代佛教文化和雕刻艺术完美结合的产物。

麒麟、宝剑、葫芦

本组图案位于鸢飞鱼跃屋脊装饰带。中间的麒麟象征“祥瑞”，外形中包含了马、鹿、牛等动物的特征。麒有独角，麟无角，口能吐火，声音如雷，全身覆盖着麟甲，人们普遍认为，麒麟是上天派来惩奸除恶、保护正义、抵抗邪恶的瑞兽。

在中国传统文化中，宝剑既是一种武器，也是一种吉祥物。在八仙的神话传说中，宝剑是吕洞宾的法器，被描绘为具有驱散魔障的能力。葫芦作为八仙之一铁拐李的器物，在许多神话中都被视为具有神奇力量的容器。它被认为代表着宇宙和大自然的力量，同时也可以容纳生命和智慧。宝剑和葫芦这两个图案均来自暗八仙主题。

鸢飞鱼跃屋脊雕塑麒麟图

刘海戏金蟾

水木明轩的松鹿雕塑

刘海戏金蟾

刘海戏金蟾塑泥位于采春廊顶脊左右两侧。“刘海戏金蟾”是我国民间戏曲、年画等的一个经典主题，这个主题是由一则民间故事衍生而来的，其中最负盛名的便是湖南花鼓戏中关于常德武陵境丝瓜井畔砍柴郎刘海的故事，该故事被创作成了《刘海砍樵》《刘海戏金蟾》等曲目。这一民间故事在北宋时已经成形，清代中叶在全国各地流行开来，形成了今天流传的相关民间故事的主要版本。

刘海母子俩相依为命，一天他得到先辈指点，从丝瓜井中吊出了一只金蟾，刘海乘势骑上蟾背，腾云驾雾而去。画面中刘海手持一串铜钱，脚边就是被吊起来的金蟾。刘海戏金蟾表达了老百姓对勤劳、正直、孝顺的美德和幸福生活的追求。

松鹿图

松鹿图位于水木明轩环廊顶脊左右两侧。松树被视为万年常青之木，松枝傲骨峥嵘，四季常青，历严冬而不衰；“鹿”与“禄”谐音，“禄”的本义是“福”，所以，“鹿”中又含有“福”的寓意，松树与鹿雕刻在一起有“福寿安康”之意。

逸野堂屋脊鸱吻

鸱尾

鸱尾雕塑位于逸野堂的顶脊两端，造型比例适中，与屋脊镂空装饰相得益彰。鸱尾是古代屋顶正脊两端使用的兼具构造性与装饰性的建筑构件，因外形似鸱鸟的尾巴而得名。鸱尾最早的名称为蚩尾，早期的鸱尾的造型是鱼尾巴，后来逐渐演化为半龙半鱼的样子。明清时期，鸱尾变成为张开大嘴向内吞吃屋脊的龙头形象。在我国古代民间传说中，它被描述为龙之九子之一，是辟除火灾的瑞兽。

鸳鸯戏莲

鸳鸯戏莲泥塑位于半风亭屋脊顶部左右两侧。鸳鸯戏莲不仅是传统吉祥图案中的经典纹样，也是古猗园中一道独特的风景线。在古猗园的荷塘里，游客们经常能看到鸳鸯在水上游戏的景象。鸳鸯形影不离，雄左雌右，飞则同振翅，游则同戏水，寓意“夫妻恩爱，百年好合”；鸳鸯在莲花池中顾盼戏游称为鸳鸯戏荷，鸳鸯成双，莲花并蒂，二者合一，有“永结连理”之意。

半风亭屋脊雕塑鸳鸯戏莲

砖雕《四时华章藏猗园》手稿

砖雕、木雕及泥塑

古猗园中有许多雕刻作品，主要讲述了历史故事、造园历史、园林旧闻等主题，这些大型主题雕刻作品存在于园内各处，成为记录古猗园历史的重要载体。

《四时华章藏猗园》

砖雕最早可追溯到中国古代的秦汉时期，在明清时期达到了顶峰。随着技术的不断进步和审美的演变，砖雕逐渐发展成为一种独特的艺术形式。

砖雕作为一种艺术形式，其最大的魅力在于它能够将艺术和历史完美地结合在一起。每一块砖雕都是历史的缩影，它们记录了古代社会的风土人情、审美情趣和文化精神。同时，砖雕也是艺术的载体，它们精湛的技艺和丰富的内涵，展现了古代匠人的卓越才华和无限创意。

砖雕《四时华章藏猗园》位于南苑外围墙的墙面上，是 2023 年为庆祝古猗园建园 500 周年，邀请徽州砖雕传承人方新中创作并制作的一组作品。这四幅砖雕作品依据《古猗园志》等相关文献，将明代早中期（1522—1620）、明末（1628—1644）、清代（1746—1775）、近现代（1840 至今）四个时代的精彩瞬间，凝结于方寸之间，向公众讲述了不同历史时期发生在古猗园中的故事。

1. 第一幅砖雕《造园》

发生背景为 1522—1620 年（约为明嘉靖年间到万历年间），表现的主要人物包括：园主闵士籍、江南四大才子祝枝山、竹刻名家朱三松、“华亭画派”代表人物董其昌。主要描绘的场景是园主闵士籍请朱三松造园、祝枝山为不系舟题额、董其昌为楠木厅（现为逸野堂）题额“华岩墨海”。画面中的主要园林景观为不系舟、楠木厅、戏鹅池、泛春渠和浮玉桥、小云兜、修竹、古盘槐、松柏。

砖雕《四时华章藏猗园》之一《造园》

2. 第二幅砖雕《游园》

发生背景为 1628—1644 年（约为明朝永历年间到清顺治年间），表现的主要人物包括：园主李流芳、李宜之、嘉定四先生（李流芳、程嘉燧、唐时升、娄坚），画面中的主要场景有：园主邀约嘉定四先生游园、歌咏会、李宜之阅卷。画面中的园林景观包括：新斋（现为南厅）、竹枝山、海棠、修竹等。

砖雕《四时华章藏猗园》之二《游园》

砖雕《四时华章藏猗园》之三《扩园》

3. 第三幅砖雕《扩园》

发生背景为 1749—1775 年（约为清乾隆年间），表现的主要人物包括：园主叶锦及其子女、篆刻名家王玉如。主要表现了叶锦赏印章、刊印《澄怀堂印谱》，园主家子女在私塾接受教育和嬉戏的场景。园主叶锦所建的“鹤鹿之所”也在这个画面中有所体现。画面中的园林景观包括：春藻堂、清磬山房、梅花亭、梅、修竹。

砖雕《四时华章藏猗园》之四《修园》

4. 第四幅砖雕《修园》

发生的背景为 1840 年至今（约为清道光年间至今），表现的主要人物包括：现代建筑学先驱童寯，中国近现代著名画家刘海粟，中国现代文学的奠基人之一鲁迅，清末“海派四大家”之一吴昌硕，上海市文史界先驱陈少芸、朱寿，以及微音社成员陆象贤等。画面中表现的故事包括：童寯测绘古猗园，吴昌硕、鲁迅赏荷，刘海粟写生画松，陈少芸捐建方亭（现为缺角亭），陆象贤捐建微音阁等。主要景观包括：缺角亭、微音阁、荷花、松柏、修竹。

木雕《白鹤图》

鹤守轩作为古猗园的一部分，见证了园区的历史变迁和文化积淀。

鹤守轩实际上是一块木雕屏门，起到阻隔景观的作用。屏门正面嵌有鹤、鹿、梅花和猗猗绿竹，意指轩后的暗香园、清代养鹿的历史以及绿竹猗猗的建园特色。反面则嵌有12月花图案，包括梅花、杏花、桃花、牡丹、石榴、荷花等。

该屏风的主体以浮雕的形式，描绘了仙鹤光临南翔这一富有浪漫主义色彩的场景。整个浮雕的画面分为几组，左下角是一位头戴竹笠的老者，坐在湖边垂钓。右下角则是几只仙鹤光临湖畔，仙鹤的来到，让整个园子蓬荜生辉。画面的正上方，表现的是院落中的建筑与盛放的梅花相映成趣的场景。

屏门采用国家级非物质文化遗产东阳木雕技艺，以平面浮雕为主，散点透视构图，保留平面装饰，构图饱满，刻划层次分明。

木雕《白鹤图》

泥塑《南厅索契》

南厅是古猗园内的一个重要建筑，具有四百多年的历史，原为明代园主的书房兼卧室。崇祯十七年（1644），猗园园主李宜之离家前往南京，园内奴仆意图争取自由，遂将李宜之的家眷驱集于南厅，索要卖身文契。在遭到拒绝后，奴仆们愤怒交加，杀死李宜之的三个儿子，搜出卖身契并烧毁，然后逃之夭夭。

为了纪念这段历史事件，公园曾多次创作《南厅索契》泥塑作品。最新的泥塑作品由嘉定区非物质文化遗产传统手工技艺“捏作”传人潘允星创作，包含四幅泥塑和一幅石碑。这组泥塑作品位于柳带轩碑廊区域，不仅还原了历史事件的真实细节，还展现了嘉定捏作这一传统手工技艺的精湛技艺。

泥塑《南厅索契》组图

参考文献

[1] 张承先 . 南翔镇志 [M]. 程攸熙，订，朱瑞熙，标点 . 上海：上海古籍出版社，2003.

[2] 嘉定县南翔镇志编纂办公室 . 南翔镇志 [M]. 上海：上海人民出版社，1992.

[3] 《南翔镇志》编纂委员会 . 南翔镇志（1988-2011）[M]. 上海：学林出版社，2016.

[4] 上海市地方志办公室，上海市嘉定区地方志办公室 . 上海府县旧志丛书・嘉定县卷 [M]. 上海：上海古籍出版社，2012.

[5] 上海古猗园 . 古猗园志 [M]. 上海：上海文化出版社，2018.

[6] 马海英 . 南翔古猗园的诗词楹联 [J]. 诗词月刊 , 2007(10)6：120-125.

[7] 王玉珏，施玥馨 . 保存数字时代的人类遗产——联合国教科文组织数字遗产政策演变与展望 [J]. 图书馆论坛，2023, 43(7):38-48.

[8] 杨晨，陈徵羽 . 世界文化和自然遗产数字化保护及国际新动向 [J]. 风景园林，2023,30(10):96-102.

[9] 杨晨，李・夏特 . 数字化园林遗产图录：扬州何园 [M]. 上海：同济大学出版社，2020.

[10] 童寯 . 江南园林志 [M]. 2 版 . 北京：中国建筑工业出版社，1984.

[11] 程绪柯，王焘 . 上海园林志 [M]. 上海：上海社会科学院出版社，2000.

[12] 童寯 . 东南园墅 [M]. 童明，译 . 长沙：湖南美术出版社，2018.

[13] 上海市地方志办公室，上海市绿化管理局 . 上海名园志 [M]. 上海：上海画报出版社，2007.

[14] 王云 . 上海近代园林史论 [M]. 上海：上海交通大学出版社，2015.

[15] 亓明曼 . 从私园到公园：近代上海古典园林异化的动力机制探析——以古猗园为例 [J]. 园林，2018(1):44-48.

[16] 陆邵明 . 上海古典园林诗意生成的机制探讨：以古猗园为例 [C] // 江南园林文化论坛文集（上册），2022:1-10.

[17] 沈福煦 . “上海园林赏析”之三：嘉定园林赏析 [J]. 园林，1998(3):12-13.

[18] 王鑫宇，姚子刚，朱哲灏 . 从《古猗园记》中探寻清代古猗园的造园思想 [J]. 安徽建筑，2021, 28(1):38-40，47.

[19] 归云斐 . 新旧碰撞，以时空视角探寻古猗园之造园艺术 [J]. 园林，2016(6):70-73.

[20] 时建设 . 屋宇虽多不碍山——记上海古猗园的园林建筑造景 [J]. 中国园林，2003, 19(5):16-18.

[21] 王留剑，奉树成，张德顺 . 上海古猗园竹景营造 [J]. 世界竹藤通讯，2023, 21(1):62-66.

[22] 徐振保 . 古猗园赏竹 [J]. 园林，1999(4):14-15.

[23] 王爱民，李新国．上海古猗园竹造景与竹文化 [J]. 竹子研究汇刊，2009, 28(2):59-62.

[24] 王冠飞．上海古猗园理水艺术研究 [J]. 园林，2020(7):43-47.

[25] 吉琴．立足传统打造特色文化主题活动 [J]. 农业科技与信息：现代园林，2015, 12(7):527-531.

[26] 高翔伟．名园・名花・相映生辉——第 26 届全国荷花展主题景点掠影 [J]. 园林，2012(7):16-17.

[27] 王仁堂．《古猗园联评议》读后 [J]. 对联・民间对联故事，2003(1):14.

[28] 马海英．南翔古猗园的诗词楹联 [J]. 诗词月刊，2007(10):120-125.

[29] 蔡振湘．古猗园联评议刍议 [J]. 对联・民间对联故事，2003(1):15，22.

[30] 曹中庆．古猗园联评议 [J]. 对联・民间对联故事，2002（2）:16-18.

[31] 陈继儒．小窗幽记 [M]. 上海：上海古籍出版社，1999.

[32] 计成，胡天寿．园冶 [M]. 重庆：重庆出版社，2009.

[33] 周秉钧．尚书 [M]. 长沙：岳麓书社，2024.

[34] 梁漱溟．中国文化要义 [M]. 上海：上海人民出版社，2018.

[35] 梁思成．图像中国建筑史 [M]. 上海：生活・读书・新知三联书店，2011.

[36] 曹汛．中国造园艺术 [M]. 北京：北京出版社，2019.

[37] 汪菊渊．山怀谷：中国山水园林艺术 [M]. 北京：北京出版社，2021.

[38] 董豫赣．玖章造园 [M]. 上海：同济大学出版社，2016.

[39] 潘谷西．江南理景艺术 [M]. 南京：东南大学出版社，2001.

后记

随着《古猗园数字化园林文化遗产图录》的正式出版，我们心中充满了无比的激动与感激。这本书是对“古猗园”这一珍贵文化遗产的数字化记录与传承，凝聚了众多人心血与智慧的结晶。在此，向所有在这一漫长而充满意义的研究旅程中给予我们无私帮助和支持的每一个人，致以最诚挚地感谢。

首先，衷心感谢我们的坚强后盾——第二批国家级职业教育教师教学创新团队数字媒体技术与上海市城市更新设计与创意专业群。正因为有了团队技术支撑与前瞻视野，本书的研究框架与技术路线才得以确立。我们坚信，在团队的引领下，我们能够在古猗园的 IP 形象打造与数字化沉浸式体验领域取得更加丰硕的成果。

同时，衷心感谢上海工艺美术职业学院科研处的鼎力支持。科研处在“江南园林数字化创新基地”项目推进过程中给予了全方位的关怀与指导，确保了我们能够心无旁骛地投入研究中，最终顺利完成这项具有深远意义的任务。

在此，特别感谢上海古猗园文保科（基建科）的黄涛、程玲、廖晓逸、亓明曼等同事。在繁忙的工作之余，您们无私地贡献出个人时间，帮助我们核实文献资料、校正数据，确保数据的真实可靠。

此外，感谢上海品晟数码测绘科技有限公司的周纤纤、王平、崔兵兵等，你们的专业技能与不懈努力，在数据采集与矫正过程中发挥了至关重要的作用。与你们并肩作战的日子，是我们难忘的经历与宝贵的财富。

最后，但绝非最不重要，我们要向我们的家人致以最深的感激，是你们默默的支持与无私奉献，让我们得以心无旁骛地前行。

在此，我们再次向所有给予我们帮助与支持的人表示衷心的感谢，是你们的共同努力与付出，让《古猗园数字化园林文化遗产图录》得以成功问世。这本书不仅是我们团队的荣耀与成就，更是我们对文化遗产保护与传承的坚定践行。展望未来，我们将继续携手并进，在文化遗产保护与传承的道路上不断探索、前行，为传承中华文明、弘扬民族文化贡献更多的力量。

尹仕美 孙佳 秦川 邓蓓蓓

2024 年 7 月

于上海工艺美术职业学院